W0362323

Armin Nasseh

Die letzte St
der Wahrhei

der komplexi
vergessenen

kursbuch.e

Inhal

Vorwort / Ein Vademecum für den Umgang mit Komplexität

Dieses Buch stellt eine völlig überarbeitete und in Teilen neu beziehungsweise umgeschriebene Ausgabe meines 2015 erschienenen Buches *Die letzte Stunde der Wahrheit. Warum rechts und links keine Alternativen mehr sind und Gesellschaft ganz anders beschrieben werden muss* dar. Weil die Akzentuierung dieser ersten Ausgabe inzwischen nicht mehr die Fragestellung trifft, um die es mir entscheidend geht, habe ich mich zu dieser Neuausgabe entschlossen. Seit 2015 wird noch deutlicher als zuvor schon, wie unübersichtlich und steuerungsresistent sich die Gesellschaft darstellt und wie sehr es an intellektuellen Mitteln fehlt, diese Komplexität jenseits akademischer Schreibroutinen auf den Begriff zu bringen. Dieses Defizit auszugleichen scheint mir eine wesentliche Aufgabe nicht nur im Rahmen der wissenschaftlichen Diktion.

Komplexität – das ist mehr als ein Schlagwort. Wir müssen endlich ernst nehmen, dass sich Eingriffe in die Gesellschaft nicht zwangsläufig gegen ihre Komplexität, ihre Perspektivendifferenz richten müssen. Die Frage, die heute gestellt werden muss, lautet vielmehr: Was muss man tun, um Steuerungsstrategien nicht *gegen* die Kraft der komplexen Gesellschaft zum Einsatz zu bringen, sondern *mit* ihrem eigenen Drive, *mit* der Dynamik ihrer eigenen Struktur, ihrer eigenen Zugzwänge, etwas zu erreichen – ganz so, wie ein asiatischer Kampfsportler den Drive seines Gegners aufnimmt und mitgeht, um ihn zu besiegen, und eben nicht einfach zerstörerisch dagegenhält. Meine denkerische Bemühung um die Frage, wie die Welt verbessert werden kann, was Komplexität in der Konsequenz heißt und warum diese Gesellschaft schon ohne die entsprechende Computertechnik eine digitalisierte Gesellschaft ist, steht hier im Vordergrund und wird akzentuiert, offensiv und komprimiert entfaltet. Im Zentrum steht also vor allem unser gegenwärtiges Bild von einer Gesellschaft, die sich unserem Zugriff immer wieder entzieht und in ihrer ganzen Dynamik stabiler ist, als es uns erscheint.

Was wir derzeit an der Oberfläche erleben, ist gravierend: ein völlig veränderter Politikstil in den USA, der drohende Zerfall der Europäischen Union, der Legitimationsverlust der parlamentarischen Demokratie, das Aufkommen neuer Handelskriege, die Krise der wissenschaftlichen Expertise, die Veränderung von öffentlicher Kommunikation durch neue elektronische Verbreitungsmedien, ein Strukturwandel der industriellen Produktion, nicht zuletzt die Herausforderung durch soziale Ungleichheit und Gerechtigkeit und die Frage der Kopplung von Arbeit und Versorgung. All diese Aspekte werden hier nicht einfach handstreichartig abgefertigt und die entsprechenden Probleme – zumindest der Theorie nach – einer Lösung zugeführt. Nein: Es geht mir darum, eine Denkungsart bereitzustellen, die dazu verhilft, die richtigen Fragen zu stellen. Ich bin davon überzeugt, dass uns die Lösung der anstehenden Probleme nur mit einem Paradigmenwechsel gelingen wird, nur mit der Umstellung unserer Denkungsarten auf ein vernetztes Denken, für das uns manchmal die Kategorien, vor allem aber die Ausdrucksformen fehlen. Diese vorbereitend bereitzustellen ist das Ziel dieses Buches.

Die Rezeption der ersten Ausgabe hat mir gezeigt, wie sehr die Konzentration auf die darin ausführlich diskutierten politischen Chiffren doch in die altbekannten Pfade führt. Das, worum es mir geht und was dringlicher denn je geworden ist, trage ich in dieser neu konzipierten Ausgabe offensiver und konzentrierter vor – um so eine Art *Vademecum* für diejenigen anzubieten, die weder an die einfachen Lösungen glauben noch ob der Komplexität der Probleme verzweifeln wollen. Dieses Buch ist für alle geschrieben, die beim Bemühen, einen kritischen Impetus zu entwickeln, sich selbst handlungsfähig zu halten, schon heute versuchen, nicht gegen, sondern mit den Strukturen der Gesellschaft zu arbeiten. Ihnen sei eine Perspektive angeboten – eine *Kritik der komplexitätsvergessenen Vernunft*!

Das Buch erscheint in der von Sven Murmann, Peter Felixberger und mir herausgegebenen kursbuch.edition, auch weil es mit seiner Grundintuition die Idee dieser Editionsreihe auf den Punkt bringt: den Umgang mit *Perspektivenverschiebungen* zu verbessern, sie nicht zu bekämpfen, sondern zu begrüßen und sich auf keine Form festlegen zu lassen – nicht um Beliebigkeit zu demonstrieren, sondern um zu zeigen, dass keine der Perspektiven und ihre Verschiebungen beliebig sind.

München, im März 2017

PS: Die frühere Ausgabe wird vom Verlag nach wie vor vorgehalten.

Erstes Kapitel / **Welterschaffung** / Die Konsistenz des weißen Blattes und die Inkonsistenz der Welt

Die Utopie ist eine Textsorte, die eine Welt vorstellt, für die es keinen Ort gibt – deshalb heißt sie so. Als literarische Gattung kann sie erzählerisch wünschenswerte Welten aufbauen und wieder zusammenstürzen lassen. Um einen Entwurf dieser Art geht es in diesem Buch ausdrücklich nicht. Vielmehr geht es um den Versuch, die moderne Gesellschaft zu beschreiben und dabei die Frage zu beantworten, wie auf diese Gesellschaft eingewirkt werden kann. Der Text stammt von einem Sozialwissenschaftler, gehört demnach zur wissenschaftlich informierten Gattung, möchte aber in der Darstellungsform auf die meisten Formvorgaben für wissenschaftliche Texte verzichten. Ein Vorhaben, das nur schwer gelingen kann, aber versucht werden muss.

Die Grundfrage des Buches lautet, wie man die Komplexität der modernen Gesellschaft beschreiben kann, ohne dabei die Beschreibung so komplex werden zu lassen, dass sie nicht oder nur von Fachleuten gelesen werden kann. Viele der öffentlich anschlussfähigen Diagnosen der modernen Gesellschaft, also ihre sichtbar werdenden und folgenreichen Selbstbeschreibungen, scheinen besonders einen Zweck zu verfolgen: die Komplexität und Unübersichtlichkeit, die Perspektivendifferenz und

Widersprüchlichkeit der Gesellschaft zu *negieren und zu ignorieren*. Es werden entweder Diagnosen gestellt, die relativ leicht an persönliche Erfahrungen angeschlossen werden können oder die schon mit ihrer Diagnose klare Lösungsstrategien anbieten. Ich will hier nicht mit einem Katalog oder einer Liste beginnen und mich an diesen Diagnosen abarbeiten, die oftmals die Form der Kapitalismuskritik, einer Kritik belastender Lebensformen annehmen und sich dann an Theorien des guten Lebens versuchen, Kritikformen, die große Schuldzusammenhänge aufspannen oder das einfache Leben gegen die ökologische Katastrophe oder das kulturell einfältige Leben gegen die Abschaffung des eigenen Landes in Anschlag bringen. Im Unterschied dazu möchte ich versuchen, das, was ich soziologisch und gesellschaftstheoretisch seit 25 Jahren betreibe und in Form wissenschaftlicher Fachpublikationen vielfach dokumentiert habe,[1] in eine Form zu bringen, die auch außerhalb der Academia lesbar sein kann.

Meine Grundidee hat viel mit der Grunderfahrung jedes Schreibenden zu tun, nämlich der, vor einem weißen Blatt Papier zu sitzen, selbst wenn dieses weiße Blatt Papier heute wohl eher in digitaler Form vorliegt – aber das macht keinen Unterschied. Warum der Hinweis auf das weiße Blatt? Wer vor einem weißen Blatt Papier sitzt, kann eine ganze Welt erschaffen, indem er sie beschreibend fixiert. Es ist gewissermaßen eine Gottesposition, die aus dem Nichts beginnt, allein eingeschränkt durch den eigenen Willen – freilich ist dies das grundlegende Missverständnis des Schreibens. Denn der Autor ist nicht Schöpfer der Welt, die er da (be)schreibt, er ist Teil von ihr. Und als solcher muss er, um sie tatsächlich beschreiben zu können, sich allererst von dieser Welt belehren lassen.

Damit meine ich Folgendes: Ich werde im Laufe dieses Buches die These vertreten, dass die moderne Gesellschaft in ihrer ganz eigenen Form der Komplexität davon geprägt ist, dass es keinen Ort gibt, von dem her man sie konkurrenzlos und gültig beschreiben kann. Mehr noch: Sie kennt keinen Ort, der es ermöglicht, auf die Gesellschaft zuzugreifen. Man kann nicht durchregieren, man muss vielmehr lernen, dass sich die Gesellschaft dem regulierenden Zugriff schon deswegen entzieht, weil Unterschiedliches gleichzeitig abläuft und nirgendwo ein Hebel zu finden ist, von dem her sie wirklich beeinflusst werden kann. Und das gilt folgerichtig auch für ihre Beschreibung.

Ein Buch über diese Gesellschaft zu beginnen heißt für mich also zunächst, anzuerkennen, dass ich nicht vor einem weißen Blatt Papier sitze. Es macht überhaupt keinen Sinn, sich die Gesellschaft nach dem eigenen Bilde zu formen, etwa ökologischer oder gerechter oder demokratischer oder auf sonst eine Art besser, so wünschenswert das auch sei. Nach meinem Dafürhalten braucht man Soziologie, um vor solchen Positionen – eine Aufklärung ohne Folgen, aber mit großer Pose – zu warnen (auch wenn es Soziologen gibt, die sie tatsächlich einnehmen).

Mir geht es um etwas anderes. Ich möchte zeigen, wie es ist, sich in einer Gesellschaft vorzufinden, in der man zwar weiße Blätter beschreiben kann, in der man aber noch viel mehr bereits beschriebene Blätter vorfindet – als Metapher für Praktiken, Routinen, Strukturen, Erwartungen und Konstellationen –, die sich zum Teil wechselseitig neutralisieren, verstärken oder eben ganz unterschiedliche Probleme lösen. Dies gilt auch für den, der schreibt und der zugleich an sich selbst sehen lernen muss, wie verführerisch die Illusion des weißen Blattes ist – eine Illusion, die so tut, als könne man eine konsistente Geschichte über eine inkonsistente Welt schreiben. Die Omnipotenzfantasie des Schreibens ist die kleine Schwester der theoretischen Impotenz, bei der Beschreibung an unbeschriebene Blätter zu glauben.

Die Praxis des (Be-)Schreibens

Pierre Bourdieu, der große französische Soziologe, nannte den Habitus des schreibenden Intellektuellen einen *scholastischen Epistemozentrismus.*[2] Bourdieus Soziologie ist eine Soziologie der Praxis, die an empirischen Situationen beschreibt, wie Menschen sich vor allem praktisch an das gewöhnen, was sie tun, dass für sie die Welt nicht in Form von abstrakten Ideen und Überzeugungen plausibel erscheint, sondern deswegen, weil sich diese Plausibilitäten praktisch bewährt haben. Praktische Bewährung meint nicht, dass diese Plausibilitäten an sich richtig sind, sondern es bedeutet, dass wir uns innerhalb sozialer Bezüge nach bewährter Art verhalten. Das lässt sich letztlich konkret in alltagsweltlichen Selbsttests überprüfen. In unterschiedlichen Milieus oder Berufsgruppen lassen sich problemlos spezielle Habitusformen unterscheiden – das fällt uns zumeist bei anderen Habitus auf, besonders bei denen, die wir selbst irgendwie skurril finden oder die unerwartete Ausprägungen zeitigen. Man denke etwa, um es in Form von Klischees zu formulieren, an den Habitus des Verwaltungsbeamten, dessen Weltsicht stark von Ordnung und Einpassung der Welt in Vorschriften geprägt ist; oder an den Lehrer, der sich kaum vom beurteilenden und didaktisierenden Kommunikationsstil emanzipieren kann; oder an den Medienmenschen, der noch den komplexesten Satz in die Form einer meldungsfähigen Information übersetzen muss;

oder den Psychiater, der auch konformes Verhalten in seinen Abweichungsdimensionen wahrnimmt. Noch mehr als für Berufe gilt das für milieubedingtes Verhalten. In einem zweiten Schritt wird man feststellen, dass auch das eigene Verhalten einem solchen Habitus unterliegt und insofern von anderen als fremd oder wenigstens anders dechiffriert wird. Bourdieus Soziologie ist eine Soziologie der Praxis, weil sie sich für die praktischen Bedingungen interessiert, unter denen bestimmte Habitus und ihre Plausibilitäten entstehen.

Bourdieus größte Leistung freilich ist für mich die, dass er darüber nicht einfach intellektuell aufklärt, sondern auch dem Intellektuellen einen beschränkten Horizont zuschreibt, eine eingeschränkte und einschränkende Perspektive, in der die Vorstellung, dass andere anders urteilen als er selbst, nicht auftaucht. Nimmt man Bourdieus Denken wirklich ernst, kann man es auch als *intellektuelle Selbstaufklärung des aufklärerischen Intellektuellen* lesen.

Dem Intellektuellen wirft Bourdieu einen unrealistischen Habitus vor, den er, wie bereits erwähnt, einen *scholastischen Epistemozentrismus* nennt. Gemeint ist damit, dass der intellektuelle Kritiker anderer Klassen, anderer Kulturen und anderer Habitus einen analogen »Fehler« begeht wie all diese anderen Felder und Milieus, indem sie den eigenen Habitus als eine Art natürliche Form behandeln. Wie die anderen Milieus in ihrer Praxis gefangen sind, ist der Intellektuelle in dem Denken gefangen, dass alle anderen auch nur das für real halten, was sich der Praxis des Erschreibens guter Gründe, vernünftiger Motive und universalistischer Erklärungen fügt.

Darin sieht er einen doppelten blinden Fleck. Der eine besteht darin, dass die Praxis des Schreibtischs und des Zugzwangs von Texten mit ihren Konsistenz- und Begründungspflichten eben auch nur eine Praxis ist wie jede andere auch. Der andere besteht darin, dass die vernünftige Begründung nicht der Normalfall von Praxis ist, sondern eine Partikularpraxis. Als besonders verblendet muss dann wohl derjenige dastehen, der seine Praxis nicht blind und unausgesprochen verallgemeinert, sondern es explizit und mit dem Gestus des Sendungsbewusstseins dessen tut, der weiß, wie es eigentlich sein müsste.

Aber genau hingesehen dann doch wieder nicht so genau. Wenn man es provokativ formulieren möchte, sind viele der derzeitig erfolgreichen sozialwissenschaftlichen Kategorien der Kritik alles andere als aufgeklärt im Hinblick darauf, was sie als Kriterien ihrer Kritik ansetzen. Das bleibt oft erheblich im Dunkeln. Ich will es an drei Denkfiguren andeuten: Die derzeitig wohl erfolgreichste Figur ist die Kritik am »neoliberalen Selbst«. Byung Chul Han etwa entwickelt eine Kritik der durch neue Arbeitsformen und vor allem durch digitale Techniken verschärften Form des individuellen Selbstverhältnisses. Ohne Zweifel kann man beobachten, dass solche Selbsttechniken tatsächlich eine starke Arbeit an sich selbst nahelegen – und das ist im Hinblick auf Überlastungssyndrome auch durchaus diskutabel und in konkreten Fällen auch kritikwürdig. Es »unternehmerisches Selbst«[3] zu nennen ist semantisch gelungen, weil es wie eine Beschimpfung daherkommen kann, aber letztlich auch die Versprechungen der liberalen Aufklärung der Projektierung des eigenen Lebens enthält. Diese Kritik aber interessiert sich gar nicht für die konkrete Gemengelage, sondern konstatiert in den Worten Hans: »Das Ich als Projekt, das sich von äußeren Zwängen und Fremdzwängen befreit zu haben glaubt, unterwirft sich nun inneren Zwängen und Selbstzwängen in Form von

Leistungs- und Optimierungszwang.«[4] Das ist schön gesagt – aber gibt es nicht das deutliche Versprechen der aufklärerischen Moderne wieder, dessen große Leistung doch in der Form der Innenleitung zu suchen ist? Was diese Diagnose für mich so zweifelhaft macht, ist nicht die berechtigte Kritik an Entwicklungen auf Arbeitsmärkten und übertriebenen Formen der körperlichen und biografischen Selbstoptimierung, sondern die Frage nach dem Kriterium der Kritik. Man muss doch als Kritiker des neoliberalen Selbst oder des unternehmerischen Selbst eine Idee der Alternative haben. Wer soll nun die Instanz der individuellen Entscheidung sein? Ist an eine nun wirklich echte Individualität gedacht? Dann hat man die Inklusionsform des modernen Menschen in die Gesellschaft nicht verstanden. Oder ist daran gedacht, dass andere Instanzen dafür sorgen, dass man selbst nicht entscheiden muss?

Die Kritik am »Neoliberalismus« als Chiffre für das strategische Verhältnis des Menschen zu sich selbst ist eine inzwischen generationsbildende Kritikform, die schon deshalb keine Kriterien der Kritik formulieren kann, weil sie von jenen formuliert wird, die als Kulturkritiker das Privileg des weißen Blattes besitzen und gewissermaßen aus der Perspektive einer privilegierten Position sich so etwas wie eine authentische Form des Selbstverhältnisses als eine gewisse *déformation professionelle* angeeignet haben, ohne nach den empirischen Bedingungen solcher Maßstäbe zu suchen. All das gerinnt dann letztlich zu Kulturkritik.

Ein zweites Beispiel wäre für mich die Resonanztheorie des Soziologen Hartmut Rosa. Rosa schreibt als Maßstab seiner Kritik an der »beschleunigten Gesellschaft«: »Gelingende Weltbeziehungen sind solche, in denen die Welt den handelnden Subjekten als ein antwortendes, atmendes, tragendes, in manchen Momenten sogar wohlwollendes, entgegenkommendes oder ›gültiges Resonanzsystem‹ erscheint.«[5] Das ist schön gesagt, und ich stimme Rosa zu, wenn er meint, dass sich beim Erleben von Musik, Natur oder Religion oder auch in einer authentisch unverstellten Beziehung zwischen konkreten Menschen Resonanzerfahrungen einstellen, die tatsächlich zeitweise als eine Art Aufhebung der prinzipiellen Distanz zwischen Menschen aufscheinen können. Aber dass dies in einer hochgradig differenzierten Gesellschaft nicht fürs Ganze vorgehalten werden kann, ist kein Zufall. Es gehört auch zu den Versprechungen der Moderne, manche Resonanzbeziehung gekappt zu haben – zum Beispiel die zwischen Kollektivitäten und politischer Repräsentation oder die zwischen einzelnen Milieus und der Gesamtgesellschaft. Nicht in Abrede stellen will ich das Anliegen. Aber als einer der klügsten Kritiker der gegenwärtigen Verhältnisse merkt Rosa wohl selbst, dass hier aus einer Theorie der Gesellschaft, für deren Analyse am Ende doch nur die altbekannten Chiffren einer leider am Wachstum und leider am Kapitalismus und leider am Neoliberalismus hängenden Gesellschaft übrig bleiben, dann eine Art Kulturkritik oder Philosophie des guten Lebens wird. Mehr nicht.

Ein drittes Beispiel stammt aus einem aktuellen Forschungsprojekt, das wir derzeit betreiben und in dem es um die Frage der Diskurse um die Organspende geht. Sehr beliebt sind dabei – neben der üblichen Kritik am ärztlichen Habitus und der Forderung nach Partizipation der Betroffenen – zwei Figuren: zum einen die Kritik der »Anrufung« des Subjekts, das sich aufgrund gesetzlicher Regelungen (»Zustimmungslösung«) zu sich als potenziellem Organspender verhalten muss, zum anderen die Rekonstruktion der Organspende als einer »Gabe«. Der Begriff der Anrufung stammt von dem französischen Marxisten Louis Althusser und seiner Ideologietheorie, nach der jedes Subjekt durch die Anrufung durch ideologische Staatsapparate unterworfen wird.[6] Der Kontext dieser Theorie muss nicht interessieren – aber mit dem Begriff der »Anrufung« ist schon ausgemacht, dass mit der rechtlichen Regulierung der Organspende und damit der Herstellung von Erwartungssicherheit und nicht zuletzt Versuchen einer gerechten Allokationslösung eine illegitime »Anrufung« erfolgt.[7] Wer so argumentiert, kann überhaupt keine Kriterien mehr dafür nennen, unter welchen Bedingungen eine solche Praxis nicht illegitim sein könnte. Es bleibt dann auch nur eine kulturkritische Perspektive, die im Bewusstsein einer empiriefernen Distanz mit wirklich merkwürdigen Kriterien der Kritik arbeitet. Gerne wird die Organspende als »Gabe« rekonstruiert. Das Kriterium der Kritik wäre also die Idee einer eher authentisch und persönlich als rechtlich und anonym gebauten Praxis.[8]

Auch hier ist das Kriterium der Kritik eher eine kulturkritische Attitüde als eine empirienahe Beschreibung des Problems, etwa eine Reflexion darüber, dass Settings wie die Organspende vor allem dadurch geprägt sind, dass ganz unterschiedliche Logiken gleichzeitig am Werke sind, etwa die Logik einer Hochleistungsmedizin, die sich an abstrakten wissenschaftlichen Kriterien zu bewähren hat, aber auch die ärztliche Perspektive, die den konkreten Patienten im Blick hat. Rechtliche Akteure, die in Form des Richters beziehungsweise der Rechtssystematik für universale Perspektiven stehen oder in Form des Anwalts für die konkrete Partei, Perspektiven des Patienten als betroffener Person und nicht zuletzt politische Versuche der Regulierung.

Am interessantesten ist, dass etwa die politische Vorgabe, Dringlichkeit und Erfolgsaussicht der Organspende bei der Allokation zu berücksichtigen, auf Widersprüche stößt, die schwer zu lösen sind. Um es kurz zu sagen: Wer nur die kulturkritische Attitüde der »Anrufungskritik« kennt und das komplexe Geschehen auf eine »Gabe« reduziert, sieht empirisch nur das, was seine professionelle Perspektive eines Milieus hergibt, das kaum darauf reflektiert, dass die Sache nicht an einem weißen Blatt Papier gelöst werden kann. Es geht dann kritisch nur darum, verfremdende Sätze sagen zu können, statt die Komplexität des Problems zur Kenntnis zu nehmen.

Vielleicht kann man so weit gehen und sagen, dass alle drei Beispiele – die Neoliberalismuskritik, die Resonanztheorie des guten Lebens und die Anrufungskritik – ihre kulturkritische Attitüde nur deshalb durchhalten können, weil sie einen Charakterzug der europäischen Moderne völlig aus dem Blick verloren haben. Man könnte diesen das Prinzip der Gewaltenteilung nennen. In allen gesellschaftlichen Bereichen reden inzwischen unterschiedlichste Instanzen gleichzeitig mit. Die Zentralperspektive wird aufgehoben. Es entsteht eine komplexe Wechselseitigkeit von Unkoordiniertem, das doch aufeinander bezogen werden muss. Es entsteht damit das, worum es in diesem Buch geht: Komplexität.

Kritik möchte gerne solche Zentralperspektiven beibehalten und schafft das in einer kulturkritischen Attitüde, die sich gar nicht erst auf die empirischen Bedingungen einer Gesellschaft einlässt, die eben nicht aus einem Guss ist – wie der Text auf einem weißen Blatt Papier. Diese selbstbezogene und selbstverliebte Denkungsart hat Pierre Bourdieu in einem an Schärfe kaum überbietbaren Beitrag eine »narzisstische Reflexivität« genannt, die zu wenig »wissenschaftliche Reflexivität« besitze, um die Bedingungen ihrer eigenen Normativitäten und Perspektiven zu verstehen.[9]

Um nicht falsch verstanden zu werden: Bourdieu ist der Letzte, der so etwas wie eine generelle Intellektuellenschelte im Blick hätte. Im Gegenteil: Für ihn muss der Intellektuelle als kritischer Geist in der Lage sein, die Beschränkung der Perspektiven als Perspektiven zu verstehen, und damit besonders selbstkritisch den Vorrang der Praxis vor dem Räsonieren anerkennen – eben weil Letzteres auch eine Praxis ist. Eine unmittelbare Konsequenz dieses Gedankens ist, dass der Intellektuelle vor allem seine eigene begrenzte Position anerkennen muss, um die Logik der Praxis auf den Begriff bringen zu können. Ohne diese kritische Selbstanwendung, so Bourdieu, könne eine intellektuelle Beobachtung heute nicht mehr auskommen. Das ist jedenfalls Bourdieus spezifische Idee soziologischer Aufklärung.

Der Intellektuelle unterstellt dem Subjekt die Fähigkeit, das Leben beziehungsweise Lösungen durch vernünftige Entwürfe *präskriptiv* zu erzeugen – also dem Wortsinne nach erst aufzuschreiben, bevor es praktisch wirksam wird. Bourdieu ist ein Denker, der sehr genau gezeigt hat, dass das, was wir denken, Resultat unseres Tuns ist, nicht umgekehrt. Und er hat das nicht einfach nur beschrieben, sondern sich auch dafür interessiert, was Leute, die etwas beschreiben, eigentlich machen. Als linker Soziologe hat er zum Beispiel scharf kritisiert, wie Intellektuelle am Schreibtisch sitzen und jene Klassen definieren, die sie von sich selbst befreien wollen. Er war also so radikal, auch sich selbst dabei zu beobachten, was ein kritischer Denker tut, wenn er kritisiert. Besonders lesenswert dazu ist seine Antrittsvorlesung, die er am 23. April 1982 unter dem Titel *Leçon sur la leçon* am Collège de France gehalten hat.[10]

Was der kritische Denker vor allem tut, ist, an sich selbst zu erleben, wie Wirklichkeiten durch eigene kreative Konstruktionsarbeiten entstehen und nach eigenem Bilde geformt werden können. Solche Konstruktionsarbeit arbeitet sich am Bestehenden ab, ihr natürlicher Feind ist die *Reaktion*, wie man jene in der Nationalversammlung rechts sitzenden Kräfte nach der Französischen Revolution nannte, die sich eben gegen die Neukonstruktion der Welt gewendet haben. Die Selbsterfahrung, sich die Welt nach dem eigenen Bilde zu formen, die Idee, einen »neuen Menschen« zu formen, von dem man Einsicht ins Notwendige fordern kann, und nicht zuletzt das Konstruktionsprinzip der Gesellschaft auf den Begriff bringen zu können, das ist nicht nur die Grunderfahrung des Intellektuellen, sondern auch das Konstruktionsprinzip einer als links definierbaren Denkungsart. Mich interessiert dabei weniger die inhaltliche Definition dessen, was man auf bestimmten Politikfeldern als *links* beschreiben kann, also das Eintreten für die »kleinen Leute« – was ja seinerseits bereits eine interessante Differenz zu denen symbolisiert, die man beschreibt. Interessanter ist vielmehr die Diskursposition selbst, die die Gesellschaft für konstruierbar hält, also für etwas, das der eigenen Gestaltungskraft unterworfen ist und damit der Konstruktionsarbeit am Schreibtisch nahekommt.

Noch einmal: Das ist nicht als Kritik am Intellektuellen zu verstehen – denn es ist ja gewissermaßen die Natur seiner Praxis. Aber womöglich liegt hier der Schlüssel für die Frage, um die es mir geht: *Warum gibt es keine Beschreibungstradition für Komplexität, also für ein Phänomen, das sich der Gestaltungsmöglichkeit durch einen souveränen Konstrukteur gerade entzieht*?

Womöglich kann eine solche Beschreibungstradition dann tatsächlich nicht *links* sein, zumindest was die grundlegende Denkungsart angeht. Es geht dabei nicht darum, den Intellektuellen und das Intellektuelle zu dementieren – was ein performativer Selbstwiderspruch wäre. Es geht darum, eine Sprecherposition zu entwickeln, die eben nicht jener *präskriptiven* Selbstüberschätzung auf den Leim geht.

Komplexitätsvergessenheit

Der Begriff der Komplexität ist leider ein belasteter Begriff. Er ist oftmals ein Lückenbüßer – dort, wo man nicht weiterkommt oder wo keine Kausalitäten mehr genannt werden können, wo Unübersichtlichkeit herrscht, werden die Verhältnisse damit erklärt oder besser: wird die Diskussion damit beendet, auf Komplexität hinzuweisen. Die Dinge seien eben komplex – da könne man nichts machen. Interessanterweise ist da etwas dran. Auf Komplexität stoßen wir in der Tat dort, wo es nicht von selbst weitergeht. Komplexität bedeutet – das werde ich weiter unten noch ausführlich erläutern –, dass der jetzige Zustand mehrere weitere Zustände annehmen und nicht eindeutig kausal aus der Vergangenheit hergeleitet werden kann. Komplexität verweist auf die generell vorhandene Mehrfachcodierung. Sie verweist darauf, dass sich in einer Welt wie der unseren keine Position denken lässt, von der her alles gleich aussieht. Eine Gesellschaft, die ausschließlich als konkreter Herrschaftsverband aufgebaut ist, in der alles sich der Codierung von oben und unten fügt, in der alles, was geschieht, sich einer Hierarchie von Ämtern, Positionen und Bedeutungen einfügt, erzeugt zwar schon prinzipiell keine Gleichheit – aber sie erzeugt ein einheitliches Schema, dem man alles andere unterordnen kann. Deshalb sind solche klar geordneten Verhältnisse zwar oft Gewaltverhältnisse, herrschaftsnah und strikt rigoros – aber eben wenig komplex, weil leicht durchschaubar. Man könnte es auf die etwas banale Formel bringen: *Ober sticht Unter.*

Wo aber Unterschiedliches nebeneinander angeordnet ist, kann man nicht durchregieren – nicht einmal, wenn man das Gute will, was immer das sei. Unter Komplexitätsvergessenheit subsumiere ich solche Denkungsarten, die nach dem einen Hebel suchen, die einlinige Erklärungen abgeben, die die Einwirkungsmöglichkeiten auf die Gesellschaft überschätzen, die mit einem Grundprinzip arbeiten oder einen wünschenswerten Zustand der Welt kennen. Dazu gehören fast alle Diagnosen, die die Einwirkungsmöglichkeit des Politischen überschätzen. Nicht umsonst gilt der Intellektuelle gerne als *politischer* Intellektueller, der bestimmte kollektiv bindende oder wirksame Aktionen, Zustände oder Entscheidungen präferiert.

Komplexitätsvergessenheit liegt auch dann vor, wenn, so Bourdieu, der intellektuelle Gestus des *Epistemozentrischen* sein Einwirken auf die Gesellschaft mit der welterschaffenden Praxis am Schreibtisch verwechselt, deren einzige Selbstkontrolle im Zugzwang *epistemozentrischer* Textproduktion liegt. Ich habe oben drei Beispiele solcher Denkungsarten genannt. So kann man aber auch beschreiben, wie eine Gesellschaft mit nachhaltiger Wirtschaftsweise aussehen könnte und entsprechend konstruiert oder umgebaut werden muss. Man kann imaginieren, die Welt sei eine Gründewelt, und dann versuchen, die Handlungen unterschiedlicher Provenienz mit entsprechenden guten, verallgemeinerbaren Gründen zu versorgen. Dies ist vielleicht die stärkste Form, mit der Konsistenz des weißen Blattes die Inkonsistenz der Welt zu verfehlen. Letztlich entspricht dem *Epistemozentrischen* in der intellektuellen Beschreibung der Welt das *Heroische* im Führungshabitus von Managern in Unternehmen. Ein männlich-heroischer Führungsstil mit direktiven Formen der Einflussnahme scheint mir so etwas wie ein funktionales Äquivalent für den Intellektuellen vor einem weißen Blatt Papier zu sein.

Was die Metapher des weißen Blattes noch zusätzlich plausibel macht, ist eine Art theologisches Argument. Die Erschaffung der Welt wird in der jüdischen und später christlichen Tradition in einem geoffenbarten Buch bezeugt. Gott saß also vor einem weißen Blatt, das er vollschreiben musste. *Am Anfang war das weiße Blatt, nicht das Wort* – aber nur am Anfang, danach nicht mehr, danach gibt es kein Anfangen mehr, sondern nur ein Weitermachen.

Der Hinweis auf den Irrtum des weißen Blattes, auf dem man ganze Strukturen und Modelle errichten kann, ist mehr als nur ein Bonmot. Das weiße Blatt entzieht sich der Komplexität der Welt geradezu, sein Zugzwang ist nicht die Komplexität des Beschriebenen. Die Zugzwänge des Schreibens verlangen eher Geschichten, die aufgehen, und genau deshalb erzeugt die Praxis des Schreibtisches und des Beschreibens des weißen Blattes meistens kohärente Geschichten, die aufgehen in einer inkohärenten Welt, die eben nicht aufgeht. Was ich im Folgenden versuche, ist, eine Geschichte darüber zu erzählen, warum die meisten Geschichten eben nicht aufgehen – und dass das kein Mangel ist, sondern der Status von Komplexität, mit dem stets begonnen werden muss. Daraus ergibt sich auch der programmatische Titel des Buches. *Die letzte Stunde der Wahrheit* ist nicht die letzte

Stunde von Wahrheitsansprüchen, auch nicht die Dementierung besserer gegenüber schlechteren Lösungen, schon gar nicht ein Plädoyer für die Beliebigkeit von Geltungsansprüchen – im Gegenteil. Es geht um die letzte Stunde jener Wahrheit, die so tut, als könne sie die Gesamtheit der Gesellschaft auf den Begriff bringen und mit Hilfe einfacher Hebelbewegungen agieren. Dass es dafür anderer Tools bedarf, ist das Hauptanliegen dieses Buches. Es ist in diesem Sinne eine *Kritik der komplexitätsvergessenen Vernunft.*

Ein neuer Kulturkampf

Bevor ich meine Argumentation beginne, sei ein Hinweis auf die jüngste Form öffentlicher Debatten erlaubt. Was wir derzeit erleben, ist eine Renaissance dessen, was man Populismus nennt. Der Begriff ist inzwischen ein politischer Kampfbegriff geworden, aber man kann ihn durchaus sozial-/politikwissenschaftlich eingrenzen. Unter Populismus wären dann solche politischen Kommunikationsformen zu verstehen, die erstens im Namen des wirklichen Volkes zu sprechen vorgeben und dabei klare Aussagen darüber machen, wer dazugehört und wer nicht, die zweitens eliten- und institutionenkritisch sind und die Geltung autoritativer Sprecher wie Wissenschaftler, Medien, Kirchenleute usw. nicht anerkennen und die, drittens, einfache Lösungen für komplexe Probleme und Fragestellungen bereithalten.[11] Letzteres ist für unser Thema von einiger Bedeutung. Der Populismus ist gewissermaßen der natürliche Gegner eines komplexitätssensiblen Denkens. Man kann sicher die These vertreten, dass Komplexität und Unübersichtlichkeit den Grund für die Renaissance des Populismus darstellen.

In Deutschland und ganz Europa sind Gegenstand populistischer Semantiken vor allem Migration und Flucht, aber auch Fragen der Sexualität und der Geschlechterrollen, die Anerkennung des »Normalen« im Sinne traditionell (klein-)bürgerlicher Lebensformen und nicht zuletzt die Experten- und Elitenkritik. All diese Themen haben mit Komplexitätssteigerungen zu tun. Migration und Flucht, wiewohl ganz ohne Zweifel Themen von erheblicher Brisanz, sind Trigger einer Debatte um die Frage nach dem Eigenen und nach Normalität und Bedrohung durch Abweichung. Fragen der Sexualität und die Genderfrage sind geradezu Symbole dafür, dass sich die Dinge verkompliziert haben und dass Sprecher auftreten, die man zuvor vielleicht tolerieren konnte, die nun aber selbst sprechen. Und die Experten- und Elitenkritik zielt direkt ins Zentrum dessen, worum es hier geht. Die Komplexität von Expertise steigt mit der Komplexität der Probleme. Was man in den 1960er- und 1970er-Jahren einmal von den Experten erhoffte: Orientierung nämlich, ist ins Gegenteil umgeschlagen. Experten können sich komplexe Gemengelagen heute kaum gegenseitig angemessen erklären, geschweige denn einer Öffentlichkeit mit deren Bedürfnis nach narrationsfähigen Sätzen.

Die Folge ist ein Kulturkampf um sagbare Sätze. Es ist sehr bezeichnend, dass der Kampf vor allem ein Kampf um Sagbarkeiten ist. Das gilt für die Seite der »neuen« Sprecher ebenso wie für die Seite der »alten« Sprecher. »Neu« meint hier diejenigen, die vor allem in den akademischen, bildungsnahen, zum Teil universitären, oft feministischen Milieus um Bezeichnungen ringen und Korrektheit gegenüber Sprecherpositionen einfordern, bisweilen mit einem erheblichen semantischen Überschuss. »Alt« meint die Gegenbewegung, die darauf pocht, die Dinge so beim Namen zu nennen, wie es autoritative Sprecher und Eliten bis vor Kurzem noch konnten. Dieser Kulturkampf ist ein Kampf um die Definitionsmacht – es ist ein Kampf um *narrative authority*, den zurzeit letztlich niemand gewinnen kann. Dieser Kulturkampf hat den Fokus von den materiellen Verteilungsfragen auf die Frage der Sagbarkeit, der kulturellen Bedeutung verlagert. Das lässt sich übrigens mit neuesten Daten über die US-amerikanische Präsidentschaftswahl im November 2016 belegen. Diese Analysen zeigen, dass das Hauptmotiv der Trump-Wähler in viel geringerem Maße ökonomische Motive und Fragen der Verteilungsgerechtigkeit waren als traditionelle Einstellungen und rassistische und sexistische Motive.[12] Trump hat seinen Wählern also vor allem für sie sagbare Sätze angeboten – und das ist auch das, was europäische Populisten, hauptsächlich von rechts, aber keineswegs nur von rechts, anbieten.

Dieser Kulturkampf ist nach meinem Dafürhalten eine merkwürdige Stellvertreterdebatte, eine Stellvertreterdebatte, die indirekt auf die Komplexität der Gesellschaft reagiert. Ein einfaches Argument hat es immer leichter als ein komplexes. Die angemessene Reaktion auf populistische Forderungen kann kaum das einfache Nein sein, auch nicht die kunstvolle Widerlegung, die dann die Verkürzung letztlich bestätigt. Aus der Konfliktforschung wissen wir, wie stabil Konfliktsysteme sein können, in denen antipodische Sätze gewissermaßen voneinander leben. Dagegen muss eher mit einer Denkungsart vorgegangen werden, die den Konflikt nicht als Kulturkampf führt, sondern sich ihm entzieht und eine Sprache für das Problem der Komplexität findet. Zu überzeugen wird der klassische Populist nicht sein.

Hätte Angela Merkel zu ihrem einfachen Satz »Wir schaffen das« eine komplexe Erklärung mitliefern sollen? Hätte das Willkommensmilieu angesichts der Flüchtlingszahlen mit komplexeren Fragen aufwarten sollen? Hätte die banale Pro- und Kontra-Konstellation zum dominanten Thema der Jahre 2015/2016 verhindert werden können, hätte man die Chancen, Möglichkeiten und Probleme wirklich diskutiert?

Das sind naive Fragen – schon deshalb, weil auch sie viel zu einfach daherkommen. Aber hinter diesen Fragen steht das, was – ich wende mich wieder Pierre Bourdieu zu – als die grundlegende *illusio* meiner Überlegungen anzusehen ist. Bourdieu meint mit diesem Begriff der *illusio*, dass wir stets um die Grenzen der Spiele wissen, die wir da mitspielen. Bourdieu hatte, etwas verkürzt und etwas verkürzend, stets die Frage im Blick, wie man sich in einem großen Spiel der Kräfte mit Hilfe seiner Spielzüge positioniert. Aber er war kein Zyniker. Für ihn hieß das: Wenn der Wissenschaftler oder eben andere Akteure aus anderen Feldern ihre Spielzüge vor allem deshalb machen, um ihre Positionen zu verbessern, sich durchzusetzen und Kapital aus ihren Investitionen zu schlagen, können sie das nur, wenn sie an den Sinn des Spiels glauben. Ein Wissenschaftler wird nur dann erfolgreich sein, wenn er meint, dass das Spiel es wert ist, gespielt zu werden, wenn er die *illusio* pflegt, dass es ganz um die Sache geht.[13] Ich glaube wirklich, dass es ganz um die Sache geht. Ich glaube daran, dass es sich lohnt, über die Mechanismen und die Strukturen komplexer Prozesse aufzuklären – nicht um damit alle Probleme zu lösen, aber um wenigstens auf die theoretischen Bedingungen hinzuweisen, unter denen praktische Problemlösungen überhaupt angegangen werden können.

Der gegenwärtige Kulturkampf ist die Kapitulation vor dieser *illusio* – er ist die Kapitulation vor einer realistischen Perspektive auf Perspektivendifferenz und darauf, dass die einfachsten Lösungen zwar im Moment die Spannung aufzuheben scheinen, aber erheblich größere Folgeprobleme produzieren. Dieses Buch beteiligt sich nicht an diesem Kulturkampf, sondern sucht nach dem ausgeschlossenen Dritten möglicher Denkrichtungen – weder für noch gegen die eine oder andere Form der einfachen Lösungsperspektive. Es gilt: *tertium datur!*

Zweites Kapitel / **Weltveränderung** / Zwischen kollektiver Einheit und besserer Einsicht

Weltveränderung ist ein großes Wort – wenn man unter der »Welt« nicht nur ein Korrelat unserer Beobachtung und unseres Weltverhältnisses versteht, sondern vielleicht so etwas wie den letzten Horizont von allem, dann sind wir schnell bei theologischen Begriffen. Nicolaus Cusanus hat die Position Gottes als *coincidentia oppositorum* bezeichnet. So weit wollen wir hier nicht gehen. Die Welt verändert sich ohnehin – verändern ist ein transitives Verb und wird oft reflexiv gebraucht. Sie verändert *sich*. Und wir sind mittendrin. Insofern sind unsere Veränderungsbemühungen keine, die die Welt verändern, aber Versuche, etwas in der Welt zu verändern – und die Art und Weise, wie dies möglich ist, hängt stark davon ab, wie wir die Horizonte dessen, als was uns die Welt erscheint, beobachten. Im Folgenden soll es genau um die Frage gehen: Wie verändern wir die Welt in unserem Sinne?

Zwischen individueller Einsicht und kollektivem Handeln

Ich bin ein Soziologe – und meine größte Passion in meinem Beruf ist es, in jedem Wintersemester mehrere hundert Studentinnen und Studenten unterschiedlicher sozial-, kultur- und geisteswissenschaftlicher Fächer als Erstsemester in dieses Fach einzuführen. Ein Drittel von ihnen studiert Soziologie im Hauptfach, für alle anderen ist es Nebenfach. Der Kontakt zu diesen jungen Leuten, die in meiner Illusion immer jünger werden – dabei werde ja nur ich immer älter –, ist insofern sehr lehrreich, als man an ihnen die klassischen Motive unverstellt wiederfinden kann, wenn es um die Frage geht, wie die Welt verbessert werden kann.

Welches Problem auch immer ich mit den Studierenden diskutiere – den Klimawandel, ökologische Gefährdungen, soziale Ungleichheit oder Gerechtigkeit und die angemessene Verteilung von Gütern und Lebenschancen, Diskriminierungen und Interessendivergenzen –, stets wundern sie sich darüber, warum die Lösung der Probleme so schwierig ist. Das Ökologieproblem wäre doch durch Einsicht in Verzichtsformen einfach zu erledigen. Auch Solidarität mit den Schwächeren setze nur einen freiwilligen Verzicht der Stärkeren voraus. Eine angemessene Verteilung von Gütern müsste staatlicherseits geregelt werden können, und wenn Produzenten solche Produkte herstellen würden, die man wirklich braucht, dann würde es allen besser gehen. Und wenn sie darauf hingewiesen werden, dass ihr im kalifornischen Cupertino ausgedachtes Smartphone für sie nur deshalb erschwinglich ist, weil man bei der Fertigung auf Löhne zurückgreift, die eben nicht denen in Kalifornien oder Oberbayern entsprechen, dann kommt zumindest die Reaktion, dass sich ja noch nichts ändern würde, wenn der Einzelne hier Verzicht leisten würde. Und wenn sie dann weiter mit der Idee konfrontiert werden, dass die viel niedrigeren Löhne in ärmeren Regionen der Welt dort womöglich nicht nur Ausbeutungsfolgen, sondern auch Entwicklungsmöglichkeiten beinhalten, gerät die Ordnung des Denkens schon stark ins Wanken. Noch mehr, wenn sie sich zusätzlich anhören müssen, dass eher linke wie auch wirtschaftsliberalere Kommentatoren solcher globaler Zusammenhänge – wie etwa Erich Weede und Elmar Altvater[14] – zu ganz ähnlichen Diagnosen kommen.

Die offene Frage für die jungen Leute ist fast immer die, wie aus der leicht zu gewinnenden Einsicht in das Richtige der Übergang vom individuellen Handeln in kollektive Wirkungen gelingen kann. Sie bieten dann zwei Erklärungen an: Entweder müssen eben alle von der vernünftigen Idee überzeugt werden, oder aber es muss so etwas wie eine kollektive Solidarität geben und der Einzelne sich zugunsten der Integrität des Ganzen einschränken. Die jungen Leute sind alle bereit dazu – beginnen aber in ihrem ersten Semester darüber nachzudenken, dass diese Schwelle von der individuellen Einsicht zum kollektiven Handeln beziehungsweise vom individuellen Interesse zum kollektiven Interesse das eigentliche Problem ist. Es ist – auf den ersten Blick – nicht schwer, das Richtige zu erkennen, es scheint auch nicht schwer zu sein, richtiges Handeln zu qualifizieren. Das aber scheitert irgendwie stets an den anderen.

Um das zu veranschaulichen, konfrontiere ich sie gerne als Beispiel mit dem Milchpreis. Der liegt heute wieder deutlich unter den Herstellungskosten – heißt: Ein für die Bevölkerung wichtiger Wirtschaftszweig ist ernsthaft bedroht, große Agrarproduzenten setzen sich weiter gegen die bäuerliche Landwirtschaft durch. Gründe, von denen es viele gibt, sind unter anderem die zugelassene Überproduktion, die Subventionspolitik der EU oder der Verkaufspreis, der insbesondere durch Discounter bestimmt wird. Dieser zuletzt genannte Faktor ist insofern besonders interessant, als hier der Verbraucher ins Spiel kommt. Denn: Ganz offensichtlich hätten es die Milchkonsumenten zumindest *auch* in der Hand, dieses Problem zu lösen. Sie müssten nur bereit sein, die Frühstücksmilch nicht mehr extrem günstig bei Discountern zu kaufen, sondern dort, wo es einen »fairen« Preis gibt, einen, der alle in der Wertschöpfungskette – von der Kuh über den Bauern und die Molkerei bis zu Zwischen- und Einzelhändlern – irgendwie angemessen alimentiert. Je mehr Leute die Milch für einen fairen Preis kaufen, desto eher würden die Preise sich anders entwickeln.

Diese Idee der Verbrauchermacht finden die jungen Leute natürlich gut – sie klingt ein bisschen revolutionär, ohne dass man dafür auf die Barrikaden gehen müsste, ist kapitalismuskritisch, setzt aber doch am Mechanismus von Angebot und Nachfrage an. Auch ist darin Solidarität und kollektive Aktion gefragt, der Einzelne ist also eingebettet in etwas Größeres. Die jungen Leute sprechen sich sogleich für die Umsetzung dieser Verbrauchermacht aus, also für einen Mechanismus, mit dem man kollektive Wirkungen erzielen kann. Auf Nachfrage aber erfährt man, dass sie die Milch eben nicht im Bioladen kaufen, der sie von einem »Fairtrade«-Netzwerk bezieht und die in der Region wirtschaftenden Biobauern angemessen(er) bezahlen kann. Sie kaufen – bei Aldi. Selbstverständlich würden sie einen Boykott mitmachen, aber faktisch könnten sie sich ihn nicht leisten. Schließlich hätten sie als Studierende eben nicht viel Geld, die Mieten in Städten, München besonders, seien exorbitant, Bachelor-Studiengänge ließen kaum mehr Zeit fürs Jobben, und am Ende handle es sich beim durchgespielten Beispiel ja auch nur um ein Detailproblem. Die viel schlimmeren Auswüchse des Kapitalismus seien ja nicht in der Milch-, sondern in der Finanzwirtschaft zu beobachten, und erst einmal müsste man die Banker dazu bekommen, nicht so gierig, egoistisch und bonusorientiert zu sein.

Gerade weil es sich um ein vergleichsweise geringes Problem handelt, lässt sich daran sehr gut zeigen, wie sich Probleme in einer komplexen Welt darstellen. Die Studentinnen und Studenten sind, so bekommen sie es auch beigebracht, politische Akteure, ökonomische Spieler und moralische Subjekte in einem – und aus allen drei Ansprüchen erwachsen für sie unterschiedliche Zugzwänge und Logiken. Sie haben klare moralische Vorstellungen darüber, dass man nicht gierig sein soll, dass jeder, der sich – auch auf Märkten – um die eigenen Interessen sorgt und seinen Vorteil sucht, dabei eine Verantwortung fürs Ganze und für den anderen hat. Und sie haben klare politische Vorstellungen darüber, dass die Sache irgendwie geregelt werden muss, wenn sie nicht funktioniert. Sie stellen sich aber auch, sehr zu ihrem eigenen Missfallen, als durchaus egoistische Marktakteure heraus, die die kapitalistische Grundregel vollständig verinnerlicht haben: dass man mit möglichst wenig Mitteleinsatz den größtmöglichen Gewinn erzielen will, und wenn der Gewinn nur darin besteht, an der Milch gespart zu haben. Sie verhalten sich als Milchkunden ganz ähnlich, wie sich Molkereien und Einzelhandel verhalten.

Das Grundproblem, vor dem wir hier stehen, ist, dass niemand in einer komplexen Gesellschaft sich in einfachen Handlungssituationen befindet. Der Milchkunde ist sowohl ein ökonomischer als auch ein politischer und (wahrscheinlich noch viel stärker) ein moralischer Akteur, und das macht es schon bei diesem Beispiel schwierig, auf die anfangs in der Vorlesungsstunde diskutierten Mechanismen der Einsicht oder der kollektiven Solidarität zu vertrauen. Moralische *Einsicht* und kollektivierbare *Einheit* sind wunderbare Denkangebote – aber sie lösen das Problem komplexer Handlungssituationen nicht, sondern vereinfachen etwas, das deutlich komplizierter ist. Beide Mechanismen – Einsicht und Solidarität – wollen Handlungsmöglichkeiten zugunsten der als richtig erkannten einschränken – und beide stoßen auf eine Realität, in der sich eine solche Parallelisierung nicht einstellen will – zum Teil sogar wider bessere Einsicht.

Dieses Dilemma ist es, das Studentinnen und Studenten der Sozialwissenschaften oftmals ihren ersten Schock vermittelt, weil sie ja zunächst gelernt haben, dass gute Wirkungen vor allem durch Einsicht in das Notwendige, Richtige und Gute zustande kommen oder durch so etwas wie die Einsicht in die Solidarität einer Gruppe, der man sich zugehörig fühlt. Der erste Schock ist zumeist der, aushalten zu lernen, dass sich eine richtige Einstellung beziehungsweise die Erkenntnis richtigen Verhaltens auf der individuellen Ebene nicht einfach auf kollektives Handeln und kollektive Effekte aufrunden lässt. In den Sozial- und Wirtschaftswissenschaften ist dieses Problem als das Problem des *kollektiven Handelns* bekannt, wie es als erster Vilfredo Pareto untersucht hat und wie es von Mancur Olsen weiterentwickelt worden ist. Es geht hier darum, dass individuelle Akteure wenig Interesse daran haben, eigene Vorteile zugunsten eines kollektiven Guts einzuschränken, selbst wenn ihnen das auf lange Sicht nützen würde – man muss immer damit rechnen, dass sich die anderen eben nicht an die Einsicht halten, wodurch dann das eigene, eigentlich richtige Verhalten erst recht dysfunktional wird und man dann doch lieber sich selbst der Nächste sein sollte.[15]

Solche Theorien können sich, ganz ähnlich wie die Studentinnen und Studenten, die Welt letztlich nur als Summe von Individuen vorstellen, von denen man hoffen muss, dass sie gemeinsam doch irgendwie das Richtige tun, selbst wenn sie im Einzelnen nicht wissen, wie. Ökonomen hoffen dann gerne – in der Tradition von Adam Smith – auf die »unsichtbare Hand« des Marktes, der sich schon in einem Gleichgewicht einpendeln wird, das zu einem Pareto-Optimum führt. Ein solches Optimum wäre ein Zustand, in dem die Wirkkräfte einzelner Akteure so aufeinander bezogen sind, dass eine Verbesserung an einer Stelle nicht mehr möglich ist, ohne an einer anderen Stelle eine Verschlechterung zu bewirken. Ein solches Denken kennt nur die Kumulation individueller Akteure zu größeren Strukturen und unterschätzt die Strukturen, also die Regeln, innerhalb derer sich der Einzelne verhält.

Ohne hier in theoretische Fragen der Sozialwissenschaften einsteigen zu wollen, sollten allein diese Andeutungen deutlich machen, dass man vor einem großen Dilemma steht, wenn man glaubt, von den Einstellungen und Handlungen von Individuen her kollektive Wirkungen erzielen zu wollen. Das gilt für Fragen der ökonomischen Verteilung, wie sie Vilfredo Pareto, einer der Urheber des Modells des *homo oeconomicus*, im Blick hatte, es gilt aber letztlich auch für moralische Fragen. Ob sich mit einer Aufrundung individueller Handlungen zu einem kollektiven Handlungsziel wirklich die gewünschten Folgen einstellen können, darf bezweifelt werden. Es ist deshalb keine triviale Frage, wie egoistische Akteure in der Lage sein können, miteinander zu kooperieren. Das Pareto-Optimum war die Idee, dass Kooperation wenigstens wahrscheinlicher wird, weil Eigen- und Kollektivinteresse identisch sind – aber diese Vorstellung wird womöglich schon dadurch korrumpiert, dass sich die positive Wirkung erst in der Zukunft einstellt.

Die Überschuldung privater Haushalte etwa ist nicht nur eine Folge der zu beobachtenden Abwälzung staatlicher Leistungen auf die Privathaushalte. Sie ist auch eine Folge dessen, dass die Befriedigung aktueller Bedürfnisse die Gefahr späterer Zahlungsunfähigkeit unsichtbar machen kann – und bezogen auf die zeitliche Differenz von individuellem Nachteil jetzt zugunsten eines kollektiven Vorteils später verschärft das Problem noch. Ökonomen und Philosophen, die empirisch anerkennen, dass Kooperation nicht einfach durch Einsicht zustande kommt, aber dennoch nötig ist, sprechen sich dann auch für entsprechende Anreize für Kooperation aus, dafür, den Egoismus von Marktakteuren durch Regeln einzudämmen. Der Wirtschaftsethiker Karl Homann etwa plädiert seit Jahren dafür, eben nicht auf Einsicht zu setzen, sondern die Konkurrenz auf Märkten anzuerkennen und dennoch gewünschte Ziele durch Regeln, die nicht den Wettbewerb, aber seine unerwünschten Folgen eindämmen, sicherzustellen. Eine Individualmoral, so Homann, müsse durch Moral in den Strukturen ersetzt werden.[16] Die offene Frage ist dann nur, unter welchen Bedingungen politische Akteure Interesse daran haben, für solche Regeln zu werben, oder Wähler, dies zu honorieren.

Das ist ein ähnlich komplizierter Zusammenhang von Einsicht ins Notwendige und individuellem Handeln wie bei meinem Milch-Beispiel. Am Ende wählen die Leute diejenigen, die sie recht schnell entlasten und alimentieren. Das macht aus politischen Akteuren, die als Kontrolleure auf den Märkten auftreten sollen, wichtige Akteure, also *Kunden* auf den Finanzmärkten. Mit staatlichen Schulden kauft man nicht nur Handlungsspielräume, sondern auch Wählerstimmen! Der linke Politikwissenschaftler Colin Crouch sagt dazu lapidar: »Das Problem ist, dass Banker wie Politiker vom Baum der Erkenntnis der sekundären Märkte gekostet haben.«[17] Die Folgen sind bekannt, und sie wirken sich auf entsprechende Steuerungsmodelle aus.[18] Zudem zeigen sie, dass sich Marktakteure eben wie Marktakteure verhalten, ob es Banken und Konzerne oder Staaten sind – oder eben studentische Milchkunden im ersten Semester. Dass es zwischen diesen Marktakteuren starke Machtunterschiede und sehr unterschiedliche Interessenlagen gibt, ist selbstverständlich – aber an der Sache ändert dies nichts, im Gegenteil, es macht sie noch schwieriger.

In der Methodeneinführung lernen die Studenten übrigens auch etwas über den sogenannten ökologischen Fehlschluss. Dieser besagt, dass man nicht von aggregierten Daten auf individuelle Fälle rückschließen kann. Wüsste man also aus aggregierten Daten, dass die Wahrscheinlichkeit beruflichen Erfolgs bei Männern mit der Körpergröße und einer sportlichen Figur korreliert, kann daraus nicht auf den Einzelfall geschlossen werden. Heißt: Trifft man auf jemanden mit nicht nur geringer Körpergröße, sondern auch zu hohem Gewicht für diese Größe, dann kann man aus diesen Informationen nicht auf beruflichen Misserfolg schließen.

Solchen ökologischen Fehlschlüssen begegnet man relativ oft, und viele unserer besonders bewährten Vorurteile bauen auf solchen Fehlschlüssen auf, denen nicht allzu schwer auf die Schliche zu kommen ist. Womit wir es aber hier zu tun haben, ist das Gegenteil, gewissermaßen mit einem umgekehrten ökologischen Fehlschluss. Wollte man auch dies mit einem logischen Begriff belegen, dann könnte man es mit einem Induktionsproblem vergleichen. Das Induktionsproblem beschreibt die Schwierigkeit, von konkreten empirischen Einzelfällen auf allgemeingültige Aussagen zu schließen. Also: Wenn man jemanden findet, der für sein Gewicht zu klein ist und beruflichen Erfolg hat, kann man daraus nicht auf eine allgemeine Theorie schließen, dass kleine schwere Leute eher beruflich erfolgreich sind. Inwiefern es dann überhaupt möglich ist, aufgrund empirischer Aussagen auf Theorien zu schließen, ist ein schwieriges und kontroverses wissenschaftstheoretisches, begriffslogisches und methodologisches Problem der Sozialwissenschaften.

Mir geht es hier allerdings nur um die grundlegende Beobachtung, dass individuelle Fälle und aggregierte Realitäten, man könnte auch sagen: individuell Beobachtbares und seine überindividuellen Wirkungen oder Voraussetzungen, nicht auf der gleichen Realitätsebene angesiedelt sind.

Bezogen auf unser Milch-Beispiel: Die bloße individuelle Einstellung lässt sich, selbst wenn sie bei der Mehrheit von Akteuren vorkommen würde, nicht unbedingt auf kollektives Handeln oder auf allgemeine Wirkungen übertragen oder aufrunden. Wobei mein Beispiel aus didaktischen Gründen insofern allzu einfach gewählt ist, als es so tut, als würde der Milchmarkt nicht seinerseits darauf reagieren, wenn sogar *alle* Marktteilnehmer sich in der angedeuteten Weise verhalten würden. Wir tun ja meistens so, als würde sich die Welt nicht mitverändern, wenn wir unser eigenes Verhältnis anpassen. Das macht es so schwer, in komplexe Systeme wie etwa einen Markt einzugreifen. Aber dazu später mehr.

Das Induktionsproblem, um das es hier geht, besteht darin, dass sich Lösungen für Probleme auf der Aggregat-, also der überindividuellen Ebene – im Beispiel: das Verhältnis von Milchpreis im Einzelhandel zu den Produktionskosten bei den Milchbauern – nicht einfach durch induktive Schlüsse von der Individual- auf die Aggregatebene ergeben. Im Klartext: Der Milchmarkt reagiert auch auf Verbraucherverhalten wie ein Markt, und das Verhalten von Individuen wird nicht allein durch Überzeugungen gesteuert, weil sie eben nicht nur moralische Akteure, sondern auch Marktteilnehmer sind. Die Sache ist also sehr kompliziert, aber beschreiben lässt sie sich einfacher. Man konstruiert eine kausale Beziehung zwischen moralischen Einstellungen, etwa der besseren Einsicht oder Solidarität, und ihren Wirkungen auf komplexe Ebenen der Gesellschaft. Dann wird das Problem des Milchmarktes ein Problem der Gier und des Gewinnstrebens, und korrumpiert wird die Diagnose noch durch das eigene Verhalten als Marktteilnehmer, der Präferenzen für die im Angebot stehende billigere Milch ausbildet. Und selbst dafür lassen sich noch moralisch angemessene Gründe finden: Studierende müssen mit geringen Einkommen auskommen, was durch einen Wohnungsmarkt verschärft wird, dessen Mietpreise trotz einer durchaus wirksam regulierenden Stadtpolitik auf die stetig wachsende Nachfrage und das knappe Angebot reagieren. Dies zu beschreiben ist außerordentlich schwierig – schon weil man es in einer Form tun muss, in der man keine Individuen mehr findet, keine Solidargemeinschaften und kaum jemanden, den man – letztlich – dafür verantwortlich machen kann.

Die Studentinnen und Studenten sind am Ende zufrieden und unzufrieden zugleich. Zufrieden, weil sie sich nicht richtig verhalten, aber irgendwie dadurch entlastet werden, dass man ihnen zeigen kann, wie komplex selbst ein so einfaches Problem wie das mit dem Milchmarkt ist. Unzufrieden sind sie übrigens aus demselben Grund.

Es gibt eine lange Beschreibungstradition, die Welt in anthropomorphen Kategorien auf den Begriff zu bringen – entweder als die *Einheit* von Kollektiven oder als die *Einsicht* in das Richtige, zumeist kombiniert damit, dass das, was ein Ich sich als das Richtige vorstellen kann, durch ein Wir zu einem Allgemeinen aufgerundet wird. Jeder weiß, was der Milchkunde eigentlich tun müsste, und wenn er das nicht als ein Ich, sondern als ein Wir täte, würde es auf der Aggregatebene funktionieren.

Kapitalismuskritik – zwei Modelle

Dass es sich bei den beiden Mechanismen der kollektiven *Einheit* und der angemessenen *Einsicht* tatsächlich um Figuren und Formen handelt, mit denen wirksame Beschreibungen unserer Gesellschaft üblicherweise hantieren, zeigt sich recht deutlich beim dominanten Thema unserer Tage, nämlich dem der Kapitalismuskritik. Ich möchte hier keine weitere Position anfügen, wie man die Banken-, Wirtschafts- und Staatsschuldenkrise angemessen überwinden kann. Ich möchte einen Schritt zurücktreten, um die grundlegenden Mechanismen des Diskurses darüber ordnen und verstehen zu können. Der besseren Darstellbarkeit halber wähle ich dafür zwei Positionen, die ich miteinander kontrastiere. Dabei diskutiere ich ausdrücklich nicht, welcher der beiden Positionen zu folgen wäre. Ich interessiere mich vielmehr dafür, wie diese beiden Positionen ihr Problem exemplarisch konstruieren und daraus Lösungsperspektiven entwickeln.

Beide Positionen kommen interessanterweise aus recht unterschiedlichen politischen Orientierungen zu recht ähnlichen Diagnosen, charakteristischerweise aber zu unterschiedlichen Einschätzungen hinsichtlich möglicher Lösungen. Ich beziehe mich einerseits auf den in Wien lehrenden Politikwissenschaftler Ulrich Brand, andererseits auf den Ökonomen und Sozialwissenschaftler sowie Gründer des Thinktanks »Denkwerk Zukunft« Meinhard Miegel.[19] Die zwei Positionen, die ich in den Blick nehme, sind also je für sich von hohem Reflexionsgrad, zugleich stehen sie aber stellvertretend für jene Stichworte, unter denen die Debatte über die Zukunft des modernen Kapitalismus geführt wird. Zu Rate ziehe ich dazu den fulminanten Aufschlag von Brand über »Das bornierte Streben nach Profit« in der *Frankfurter Allgemeinen Zeitung*, auf den Miegel ebenso fulminant unter dem Titel »Die unerwiderte Liebe der Menschen zum Kapitalismus« reagiert hat.[20]

Ulrich Brands Kritik konzentriert sich auf die Orientierung einer »immer bornierteren Suche nach der Rest-Profitmarge«, die nicht nur ökonomisch widersprüchlich sei, sondern auch grundlegende neue Vorstellungen von Wohlstand und materiellem Status verhindere. Er geht unterschiedliche politische Optionen durch, um deren Unzulänglichkeit und Schwächen dagegenzuhalten, was er im Blick hat: zum einen die, um es traditionell auszudrücken, Überwindung der allzu engen Verkoppelung von Lebensweisen und Produktionsverhältnissen, zum anderen eine neue Produktionsstrategie, die das Problem ökologischer Wachstumsgrenzen ernst nehme.

Er zeichnet das Bild eines linken Wohlfahrtsverständnisses, das sich gegen die Universalisierung des Profit- und Konkurrenzprinzips ebenso richtet wie gegen den Versuch, die dem Kapitalismus inhärente Überproduktion von Gütern dadurch zu bewältigen, den Verbrauchern mit geeigneten Marketingmaßnahmen die Befriedigung letztlich falscher Bedürfnisse zu versprechen. Die Menschen müssten sich ihrer Unfreiheit klar werden, jener von Brand mit Marx beschriebenen Tendenz zur Entfremdung, nach der das Kapital »kein Akteur [sei], sondern ein soziales Verhältnis, in dem die meisten Menschen wenig zu bestimmen und nichts als ihre Arbeitskraft zu verkaufen haben«. Von einer klassischen marxistischen Kritik unterscheidet sich diese Position vor allem in ihrer wachstums- und technikkritischen Dimension und trifft durchaus einen Nerv dessen, was derzeit als eine linke Kritik erscheint: Kritik an alternativloser Profitorientierung, Kritik am Abbau von Sozialleistungen, Kritik an Ökonomisierung überhaupt und nicht zuletzt eine Diagnose, die davon ausgeht, dass der Erfolg des Kapitalismus auf Kosten seiner eigenen Grundlagen erwirtschaftet wird.

Greift die linke Kapitalismuskritik Brands vor allem also die Antinomien auf, die in den Produktionsverhältnissen abgebildet werden, inszeniert Miegel die inneren Antinomien des Kapitalismus in erster Linie als Wachstumskritik. Zum einen zitiert er das Problem, dass das wirtschaftliche Wachstum an der Begrenztheit des Planeten seine ökologischen Limitationen findet. Würde die ganze Weltbevölkerung, so Miegel, wie die USA wirtschaften, wären vier Globen nötig, auf dem Niveau Deutschlands immerhin noch zweieinhalb.

Zum anderen macht er ein wohlfahrtsstaatliches Wachstumsproblem aus. »Jedes Wachstumsprozent, jede Lohnrunde, jede weitere soziale Wohltat oder jede zusätzliche öffentliche Leistung« erhöhe den »zerstörerischen Druck auf die Lebensgrundlagen und damit eine Beschleunigung ihres Zusammenbruchs«. Bis hier ähnelt Miegels Diagnose derjenigen von Brand durchaus – wenn auch bei unterschiedlicher Gewichtung der Bedeutung des Wohlfahrtsstaates, was dann auf den entscheidenden Unterschied hinweist. Anders als Brand sieht Miegel die Stabilität des Systems eben nicht im festen Bestand eines die Menschen manipulierenden Ausbeutungssystems, sondern im Gegenteil darin, dass es den Bedürfnissen der Menschen entgegenkommt: »Das bornierte, sprich geistig beschränkte Streben nach Profit, soll heißen nach Vorteil und Gewinn, ist, anders als seine Kritiker meinen, nicht eine seiner Schwächen, sondern eine weitere Stärke. Denn das versteht jeder auf Anhieb: Konzentriere dich auf deinen eigenen Vorteil, und versuche, ihn gegen andere zu verteidigen.«

Miegels These lautet, dass eines der größten Probleme bei der Umgestaltung des Kapitalismus darin bestehe, dass dieser sich weltweit »in den Hirnen und Herzen« der Menschen eingenistet habe – diese wollten nicht raus aus dem Kapitalismus, sondern rein. Wo Brand also wie jede linke Politik darauf setzt, dass der Kapitalismus so etwas wie innere Widerstandskräfte entwickeln müsste, verzweifelt Miegel daran, dass die Leute diese bornierte Sache wirklich wollen. Das mache es noch schwerer, dass die Botschaft gehört werde.

Einig sind sich die beiden Positionen also darin, dass der Kapitalismus ein seine eigenen Grundlagen zerstörendes System sei, ein System, das die Bedingungen seiner eigenen Möglichkeit nicht durch Fehler, falsche Entscheidungen oder Misserfolge in Gefahr bringt, sondern durch seinen Erfolg. Auch diese

Denkfigur ist traditionsreich. Marx' Figur, es seien die *Erfolge* des bürgerlichen Kapitalismus gewesen, die so wunderbare Produktivkräfte hervorgebracht haben, dass die Bedingungen ihrer produktiven Zerstörung in Richtung einer Revolutionierung der Verhältnisse erst möglich werden, zieht sich bis zu heutigen Kritikern wie Ulrich Beck, dessen Idee einer »reflexiven Modernisierung« ein ähnliches Motiv bedient: Das größte Problem der Moderne ist ihr Erfolg.[21]

Einig sind sich die beiden Positionen auch darin, dass ihre Diagnosen eine radikale Veränderung erfordern und nicht einfach eine kosmetische Frage zum Beispiel des Typs, ob man nun eher eine nachfrage- oder angebotsorientierte Wirtschaftspolitik fahren soll. Nein, hier, mitten im Feuilleton des Flaggschiffs der bürgerlichen Publizistik Deutschlands, wurden *Systemfragen* gestellt, Fragen des Typs: Hat der Kapitalismus, wie wir ihn kennen, überhaupt noch eine Chance? Muss sich nicht Grundlegendes ändern?

Sowohl Brand als auch Miegel schreiben im Modus des Appellativen. Ihre Analysen haben nicht nur einen Sachaspekt, vielmehr haben sie zum Ziel, die Frage, wie die Welt verbessert werden kann, auch praktisch zu beantworten. Insbesondere an den beiden Zeitungstexten lassen sich die Unterschiede in der Form des Appellativen gut nachverfolgen. Sie benutzen dafür zwei unterschiedliche Metaphern, nämlich im Falle Brands die Metapher des Umbaus, im Falle Miegels die Metapher der Einsicht.

Metaphern der Kapitalismuskritik: Umbau versus Einsicht

Wie also wird diese appellative Plausibilität erzeugt? Vergegenwärtigen wir uns noch einmal die Argumente: Brand hofft darauf, dass der Kapitalismus seine inneren Widersprüche erkennt und diejenigen, die von ihm unterjocht werden, dagegen aufbegehren. Es ist dies die klassische linke dialektische Idee, dass die innere Negativität des Systems sich positiv aufhebt und über den Mechanismus einer Aufklärung über das Kapital dazu führt, dass das Leiden am System zum Widerstand dagegen führt.

Miegels ganz ähnliche Diagnose des Kapitalismus als eines Systems mit inneren Widersprüchen ökologischer und ökonomischer Natur kommt freilich zu ganz anderen Konsequenzen. Der Kapitalismus werde zwar vielleicht nicht geliebt, aber die Menschen strebten hinein, stellten sich auf die Mechanismen ein. Der Kapitalismus bediene »wenn schon nicht ihre edelsten, so doch ihre stärksten Triebe«. Das, in der starken Formulierung Brands, »bornierte Streben nach Profit« wirke eben nicht als Schwäche, sondern als besondere Stärke – freilich, so Miegel, mit verheerenden Folgen.

Interessant ist nun, wie beide sich die Lösung des Problems vorstellen und wie sie sie ihren Lesern plausibel machen. Der Unterschied der beiden Herangehensweisen könnte paradigmatisch dafür sein, wie gesellschaftliche Selbstbeschreibungen Eingriffsmöglichkeiten in die Gesellschaft so imaginieren, dass sie auch handlungsrelevant werden können. Die beiden Lösungsmechanismen sind, wie ich oben schon angedeutet habe, die Imagination einer kollektiven *Einheit* einerseits, der Appell an eine (meist moralisch wertvolle) *Einsicht* andererseits.

Die zentrale Chiffre in Brands Text ist *Umbau* – Umbau der Lebensweise, umfassender Umbau der Lebensform, sozialökologischer Umbau. Die Metapher des Umbaus meint, dass ein Konstrukteur sich eines Werkstücks annimmt und dies nach einem neuen Plan neu gestaltet. Selbstverständlich ist der Umbau der Gesellschaft etwas, das in der Gesellschaft selbst stattfindet, aber die Metapher des Umbaus imaginiert, dass man ein halb internes und halb externes Verhältnis zum umzubauenden Gegenstand einnehmen kann. Brand formuliert hier übrigens nicht ungenau oder gar zufällig – nein, die Metapher ist sehr treffend gewählt, denn sie meint, die Grundstruktur der Gesellschaft selbst zu verändern. Hier liegt so etwas wie ein sozialtechnologisches Verhältnis zur Gesellschaft vor.

Sozialtechnologie war in den 1970er-Jahren noch ein linkes Schimpfwort für Ansätze, die für instrumentelle Reparaturarbeiten an der Gesellschaft plädiert haben. Es galt als das Gegenteil von Kritik.[22] Aber viel besser passt es auf solche Strategien, die sich eine grundlegende Veränderung und Verbesserung von Situationen nur als Umbau vorstellen können. Brands Argumentation ist insofern folgerichtig, als er die Lösung eines grundlegenden Widerspruchs der Gesellschaft tatsächlich auch nur grundlegend ansetzen kann. Die Metapher des Umbaus meint, das Ganze als eine Einheit beschreiben zu können, die man als solche verstehen und wie ein Werkstück verändern kann. Eine solche Perspektive rechnet mit einem System, dechiffrierbar mittels einer einheitlichen Logik. Sie rechnet dagegen *nicht mit Komplexität*, damit, dass »das System« während des Umbaus auf den Umbau reagiert und sich eben nicht als Einheit darstellt, sondern intelligenter ist als die Intelligenz des Umbaus.

Eine solche Beschreibung, die ein Subjekt-Objekt-Verhältnis zwischen Kritik und Gegenstand der Kritik voraussetzt, liefert zumindest eine sehr plausible Diagnose: Wenn die Grundlage des Kapitalismus darin besteht, seine eigenen Grundlagen zu zerstören, dann ist dieser grundlegend umzubauen. Man muss auf eine Einheit setzen, auf die Einheit der Betroffenen, die heute nach Brand nicht mehr nur das Proletariat umfasst, sondern die Gesellschaft als ganze. Und dieses Ganze muss zum Gegenstand nicht nur der Erörterung, sondern auch des umbauenden Handelns werden. Mit dieser Essenz freilich fangen die Probleme erst an, denn wo ist eigentlich der Hebel, an dem das Ganze als Ganzes umgebaut werden kann? Die klassische linke Theorie kannte diesen Hebel noch – es war der Widerspruch zwischen Kapital und Arbeit, den man theoretisch einigermaßen plausibel beschreiben kann. Aber praktisch? So weit muss man nicht gehen. Es reichen dann schon Konzepte des »sozial-ökologischen Umbaus«, ohne dass man wissen kann, wie der Weg von A nach B, will heißen: vom *status quo* zum *status construendi* zu beschreiten ist.

Um das zu imaginieren, muss man sich die Welt irgendwie aus einem Guss vorstellen können. Für die klassische Linke war das eben der klassische Hauptwiderspruch, von dem alles abgeleitet werden kann. Die Probleme des Kapitalismus ließen sich am besten lösen, wenn man ihn als eine relativ einheitlich und relativ einfach funktionierende Einheit versteht, in die man geradezu instrumentell eingreifen könne, indem man ihn umbaut – so wie man eine Maschine umbaut, die während des Umbaus freilich ausgeschaltet sein muss. Natürlich hat Brand das nicht gemeint – aber die Performanz des Arguments funktioniert exakt so. Wenn ich solche Chiffren wie »sozialökologischer

Umbau« höre, die übrigens auch innerhalb meiner eigenen Disziplin vertreten werden, so komme ich zu dem Schluss: Man muss Soziologie betreiben, gerade um vor solchen Umbaufantasien zu warnen.

Wie etwa Meinhard Miegel in seinem Beitrag. Direkt auf Brand replizierend schreibt er: »Die Linke flüchtet sich, wie so oft in ihrer Geschichte, auch diesmal wieder in Utopien. Obwohl sie tiefgreifende Veränderungen in Aussicht stellt, sollen diese in den Worten Brands ›nicht auf dem Rücken der Menschen ausgetragen werden‹. Soll das heißen, ›die Menschen‹ könnten bei derartigen Umwälzungen ausgespart bleiben?« Aber ist das wirklich die Alternative? Miegels Antwort auf die dem Kapitalismus inhärente, also wirklich essenzielle Krise und innere Widersprüchlichkeit ist nicht die Idee eines Umbaus. Er ist hier vorsichtiger und erkennt empirisch durchaus richtig an, dass der Kapitalismus, wiewohl aufgrund seiner inneren Antinomien instabil, sich durch seine eigenen Strategien stabilisiert. Der Kapitalismus schaffe es, seine Moral des individuellen Profitstrebens in individuelle Utopien umzumünzen – exakt das verhindere jegliche sozialtechnologische Perspektive auf den Kapitalismus, weil man die Akteure nicht über ihre eigene Not aufklären kann. Nach Miegel stellt sich das Problem des Kapitalismus als *individuelle* Parusieverzögerung für den einzelnen Akteur dar, nach dem Motto: *Erlösung ist möglich für mich, und wenn nicht für mich, dann vielleicht für meine Kinder.*

Vielleicht ist die Idee eines deregulierten Wirtschaftssystems deshalb insbesondere in typischen Einwanderungsgesellschaften besonders plausibel, weil Einwanderern dort signalisiert wird, dass sie es schaffen können, wenn sie sich nur genügend anstrengen – man denke an die USA. Oder man denke an die aufstrebenden Wachstumsökonomien in Ostasien, die sich vor Selbstausbeutungsmotiven einer jungen motivierten Generation kaum retten können, weil diese Utopie wirklich eine konkrete Utopie ist. Das ist es, was Miegel meint, wenn er davon spricht, dass die Leute nicht aus dem Kapitalismus rauswollen, sondern hineinstreben – was für ihn keine gute Nachricht ist, weil das ökonomische und folgend auch das wohlfahrtsstaatliche Wachstum sowohl die ökonomischen wie die ökologischen Grundlagen des Kapitalismus korrumpiert.

Anders als Brand sieht Miegel also erheblich realistischer, dass das umzubauende System nicht einfach aus einem Guss ist, sondern sehr intelligent reagiert, indem es seine Versprechen individualisiert. Nun stößt Miegel zwar damit noch keineswegs auf die Komplexität des Problems, macht aber wenigstens auf ein zugrunde liegendes Dilemma aufmerksam: Gerade weil sich das von Brand angenommene Unbehagen am Kapitalismus nicht einstellen will oder wenigstens bei den Verlierern in eine individuelle utopische Energie ummünzen lässt, werden die Wirkkräfte gegen den Kapitalismus durch ihn selbst außer Kraft gesetzt. Der Linke Brand glaubt an die inneren Antinomien des Kapitalismus – und wundert sich darüber, dass die objektive Lage sich nicht in Einsicht ummünzt und einen grundlegenden Umbau suggeriert. Der konservative Miegel dagegen wundert sich nicht über die Schwäche der Menschen, die sich von den vermeintlichen Erfolgen des Kapitalismus blenden lassen. Als Ausweg aus diesem Dilemma gebe es nur so etwas wie eine moralisch getriebene Einsicht, die freilich wieder durch die menschliche Schwäche korrumpiert wird. Miegel beschließt sein Plädoyer mit der schwachen, sich der Schwäche sympathischerweise bewussten Forderung, die Menschen müssten sich von den stark verinnerlichten Denk-, Gefühls- und Handlungsmustern befreien, um zur Einsicht in die Notwendigkeit eines Verzichts auf Wachstum zu gelangen. Es ist gewissermaßen die moralische Idee des Verzichts, die moralische Forderung nach Verzicht auf den kurzfristigen Vorteil, der dem Konservativen Miegel bleibt, weil er an die linke Idee des organisierbaren Umbaus des Ganzen nicht glaubt.

Gemeinsam ist beiden, dass sie den Kapitalismus als eine Ordnung begreifen, die ihre Fundamente selbst untergräbt. Was sie trennt, ist das, was ihre Diagnose für ein jeweiliges Publikum plausibel macht. Brand glaubt an den grundlegenden Umbau, imaginiert dafür eine kollektive Betroffenheitsdimension und vermag doch nicht, die Stelle anzugeben, an der sich diese Ordnung aushebeln lässt. Da die Kollektivität der Betroffenheit so schwer zu finden ist, war die Strategie der Linken stets, Solidarität nicht nur kollektiv zu fordern, sondern vergleichsweise zentralistisch zu organisieren – mit allen Konsequenzen, die dies gesellschaftlich fast notwendigerweise hat. Den real existiert habenden Sozialismus nicht für einen Betriebsunfall zu halten, sondern als nachgerade logische Folge einer »Umbau«-Perspektive übersieht, dass sich nur mit erheblichen Kosten sozialtechnologisch in die Komplexität der modernen Gesellschaft eingreifen lässt. Und die eher konservative Idee von Miegel, auf eine Art bürgerliche Sublimierungsstrategie zu setzen, ist ebenso realitätsfern, auch wenn die anthropomorphe Idee, dass Handlungsfolgen immer etwas mit den Motiven der Akteure zu tun haben, durchaus einsichtig ist.

In beiden Texten wird übrigens darum gerungen, Beschreibungsmöglichkeiten für ein merkwürdig komplexes Geschehen anzubieten. Ob es stimmt, dass »der Kapitalismus« durch seine eigene Praxis seine Existenzgrundlagen zerstört, sei dahingestellt. Immerhin stellen beide das Geschehen als ein komplexes Geschehen dar, das nicht einfach einen Zustand beschreibt, sondern eine komplexe Dynamik, bei der die Praxis einer Ordnung durch sich selbst auf sich selbst reagiert und damit ihre Anfangsbedingungen durch ihre eigene Bewegung permanent verändert. Man könnte sagen, diese Ordnung reagiert in der Form eines *Systems*, das insbesondere auf Eigenzustände reagiert und das man nicht mehr einfach mit Mitteln der Kausalität beschreiben kann.

Beide Perspektiven stoßen auf das Problem, dass eine Diagnose schwierig wird. Beide bieten eine Selbstbeschreibung an, die durchaus plausibel wirkt – und beide schrecken davor zurück, das Komplexitätsproblem beim Namen zu nennen, und greifen stattdessen auf bekannte Beschreibungsvorlagen zurück: der eine auf die sozialtechnologische Idee des Umbaus einer Einheit, deren Reaktionsmechanismen man am Ende doch kennt, der andere auf den Appell in die moralische Einsicht, dass man so nicht weiter handeln dürfe, weil dies ungeahnte Folgen hat. Beide Lösungen sind gut eingeführte Lösungsmuster und Beschreibungstraditionen.

An Brand und Miegel lässt sich zeigen, wie solche Beschreibungen am Ende fast automatisch in die eingeführten Beschreibungs- und Lösungsmuster geraten, an die sich das Publikum gewöhnt hat und die man ihm zumuten kann. Sogar noch die Unterscheidung der beiden Lösungen ist bekannt: Hier sprechen ein Linker und ein Konservativer, die zu ähnlichen Diagnosen und komplementären Konsequenzen kommen.

Komplexität als blinder Fleck

Es fällt übrigens auf, wie problemlos die Perspektiven sich einer linken beziehungsweise konservativen Denkungsart zuschlagen lassen, zugleich aber auch diese Unterscheidung unterlaufen. Man weiß am Ende wirklich nicht mehr, wer hier konservativer argumentiert, wenn man die Diskussion nicht auf die Frage der bloßen Verteilungsarithmetik beschränkt, die ja die grundlegende Kritik beider Autoren gar nicht erst berührt. Jedenfalls sollte deutlich geworden sein, dass auch komplexe Problembeschreibungen in sehr einfache Beschreibungstraditionen zurückfallen, wenn sie auf die Anschlussfähigkeit ihrer Diagnosen stoßen. Es bleiben die beiden Chiffren einer kollektivierbaren *Einheit*, die man instrumentell umbauen kann und die das Ganze auf ein konkretes Prinzip hin verkürzen lässt, sowie einer Forderung nach moralischer *Einsicht* des Einzelnen als Grundlage für die Veränderung von kollektiven Phänomenen.

Der erste Vorschlag krankt an einem Technologiedefizit und an einer allzu einfach gedachten Umbaufähigkeit eines komplexen Systems. Für den zweiten Vorschlag gilt das, was ich oben als umgekehrten ökologischen Fehlschluss beschrieben habe, wonach in einem komplexen System nicht einfach individuelle Handlungsereignisse auf kollektive Wirkung hin aufgerundet werden können.

Was bei beiden Perspektiven als unausgesprochener Subtext mitläuft, als blinder Fleck gewissermaßen, ist die Frage, wie man in ein komplexes System einwirken kann, das sich weniger einheitlich und weniger aus einem Guss darstellt als ein System, von dem man ernsthaft erwartet, es lasse sich umbauen oder durch einsichtigen Verzicht linear verändern.

Drittes Kapitel / **Komplexität** / Die Heliozentrik dezentriert die Welt

Die beiden dargestellten Diagnosen sind paradigmatisch dafür, wie wir uns den Zugriff auf die Lösungen jener Krise vorstellen, die uns in öffentlichen Zeitdiagnosen angeboten werden, hier präsentiert an zwei Beispielen, die dies vielleicht am deutlichsten auf den Begriff bringen. Die Imagination einer kollektiven Einheit beziehungsweise der Appell an die bessere Einsicht sind gewissermaßen die beiden Enden einer Unterscheidung, die unmittelbar mit dem Problem zu tun hat, das ich oben behelfsweise am Beispiel des Milchpreises dargestellt habe.

Bezieht man diese beiden grundsätzlichen Perspektiven auf konkrete Politikstile, fällt auf: Auch die Politikstile der Mitte mit ihrer *eher* linken und *eher* konservativen Form sind imprägniert von diesen beiden Beschreibungstraditionen, vor allem in aktuellen Politikfeldern. Die eher linke Perspektive wird zu zentralistischen Lösungen neigen, wenn man an Quotierungen denkt oder an eine stärkere Regulierungspolitik. Die eher konservative Seite dagegen vertraut länger auf die Einsichtsfähigkeit der Akteure und wartet länger ab, bis sie dann in sich selbst sozialdemokratischer wird. Die wenigen Konflikte, die Großkoalitionäre haben, hören auf diese Differenz, werden aber in einem moderierenden Politikstil aufgehoben.

Ich halte sowohl die Idee des Umbaus des Kapitalismus als auch die Idee der Änderung der Welt durch Verhaltensänderung für, ja, man muss es so sagen, unterkomplex. Was mich eher interessiert, ist die Frage, warum sich Diagnosen der gesellschaftlichen Krise so enttäuschungsfest geben, warum also einerseits immer wieder ein Gesamtumbau angestrebt und theoretisiert wird, andererseits an Einstellungen appelliert wird – nur um dann festzustellen, dass sich mit der Kritik die Rahmenbedingungen des Kritisierten mitverändern und die Dinge doch weiterlaufen wie bisher.

Es scheint so etwas wie eine merkwürdige Selbstkorrektur der gesellschaftlichen Krise zu geben, eine merkwürdige Form der Resilienz, die mit bisweilen hohen Kosten, aber ganz ohne Kollaps dazu führt, dass die Dinge einfach weitergehen. Deshalb wäre es vielleicht doch einen Versuch wert, sich auf diesen so merkwürdigen Selbstanpassungsmechanismus der Gesellschaft einzustellen, um ihrer Funktionsweise auf den Grund zu gehen und ausgehend davon andere Formen der Beschreibung zu entwickeln.

Die Problemformel lautet also: Komplexität. Ihr gilt es sich zu nähern.

Wovon kann man reden?

In einem ersten Schritt möchte ich mich mit der Frage beschäftigen, wovon wir eigentlich reden, wenn wir von *etwas* reden, denn das scheint inzwischen nicht mehr so einfach, wie es einmal war. Niemand spricht mehr in Substanzen, nichts ist so, wie es ist. Alles ist Ergebnis von Unterscheidungen, Differenzen. Darüber scheint es eine erstaunliche Einigkeit zu geben. Man trifft auf kaum eine theoretische Innovation, die nicht mit der Hilfe von Differenzen das auszudrücken versucht, was sie als theoretisches Credo bereitstellt. Und selbst wenn wir unsere eigene Denkgeschichte beobachten, stoßen wir auf eingeführte, alles erklärende Differenzen.

Dass der Krieg, das Gegeneinander von Unterschiedlichem, der Vater aller Dinge sei, wussten schon die ganz alten Griechen; dass der Kosmos in eine eigentliche und eine uneigentliche Welt, in eine unbewegte und eine bewegte Welt differenziert sei, lehren die nicht ganz so alten Griechen; dass die Differenz von Heil und Verdammnis beziehungsweise von Glaube und Sünde die Dynamik des irdischen Lebens ausmache, lehrt die christliche Tradition, die dies übrigens stets im Hinblick auf die Differenz zum ewigen Leben leistet; dass Gott wie bei Nikolaus Cusanus als Ununterschiedenheit zu denken sei, macht die Unterschiedenheit alles Geschaffenen umso sichtbarer und prekärer; dass sich Synthesen dem dialektischen Zusammen-/Gegenspiel von Thesen und Antithesen verdanken, lässt Differenzen als Motor der Geschichte des Geistes offenbar werden; dass diese Hegel'sche Geschichte – von Marx vom Kopf auf die Füße gestellt – stets eine Geschichte von Differenzen sei, die in Klassenkämpfen ausgetragen werden, lässt Einheitsdenken als falsches Bewusstsein erscheinen; die Diagnose, dass die Geschichte der abendländischen Metaphysik von Seinsvergessenheit geprägt sei, verdanken wir Heidegger, dem Denker der ontologischen Differenz zwischen Sein und Seiendem; dass die morgenländische Metaphysik schon immer von der Differenz von Yin und Yang wusste, scheint sie für enttäuschte Europäer seit dem 19. Jahrhundert so attraktiv zu machen; ebenso die buddhistische Unterscheidung von Zeitlichkeit und Enthobenheit von Zeit.

Das Charakteristische an den genannten Unterscheidungen ist, dass sie ganze Welten aufspannen. Sie haben die Fähigkeit, die ganze Welt in sich aufzunehmen, weil es die Unterscheidung selbst ist, welche die Welt erzeugt, die sie da aufspannt. Die Welt ist eine Funktion der Unterscheidung – nicht umgekehrt. Wird also – um ein Beispiel aufzugreifen – die Welt mit der Unterscheidung von Heil und Verdammnis beobachtet, dann greift man keineswegs auf Gegenstände zu, die entweder Heil oder Verdammnis versprechen oder erwarten lassen. Andersherum: Alle Gegenstände, alles, was geschieht, fügt sich dann dem Schema Heil und Verdammnis – am radikalsten vielleicht in der Erbsündenlehre, wie sie von Augustinus im 5. Jahrhundert entwickelt wurde: Der Mensch selbst ist Ausdruck der Spannung zwischen der Sünde, die er durch seine Zeugung erfahren hat, und dem Heil, weil er gottesebenbildlich geschaffen wurde. So wird alles, was ein Mensch tut beziehungsweise was in einer Gesellschaft geschieht, von dieser Unterscheidung absorbiert.

Insofern bildet die Unterscheidung von Heil und Verdammnis die ganze Welt ab – weil es nichts geben kann, das nicht in die Unterscheidung passt –, bis man auf konkurrierende Unterscheidungen stößt. Dies ist nun der erste Komplexitätsaspekt. Die Unterscheidung von Heil und Verdammnis kann in der Tat *alles* qualifizieren. Alles kann unter dem Aspekt dieser Unterscheidung betrachtet werden. Wenn man so denkt, dann bewegt man sich in der Tat in der Geschlossenheit dieser Unterscheidung, ohne dass irgendetwas verloren geht – es sei denn, ich wiederhole es, man stößt empirisch auf andere Unterscheidungen, also auf etwas, das die Welt auch ordnet, aber nun eben *anders*.

Der historische Klassiker dafür, wie solche Welten aufeinandertreffen, ist sicher die von den Naturbeobachtungen von Galileo Galilei und Nikolaus Kopernikus ausgehende Kritik des ptolemäischen Weltbildes, welche die theologische Idee der Erde als Zentrum der Schöpfung Gottes stark in Mitleidenschaft gezogen hat – übrigens erst dann, als die Forschungen des Kopernikus, die man zunächst nicht als Ketzerei angesehen hatte, mit Galileo Galilei an Plausibilität gewannen.[23]

Warum die kopernikanische Wende die Welt dezentriert

Das Epochale dieser heliozentrischen Wende bestand freilich gar nicht darin, dass hier ein Weltbild einem anderen gegenüberstand. Man hätte es ja dabei belassen können, das heliozentrische Weltbild als Ketzerei abzutun, es also im Schema von Heil und Verdammnis aufzuheben und somit die Ordnung wiederherzustellen – eine Praxis, die sich ja historisch durchaus bewährt hat. Man zwingt dann den Ketzer zu widerrufen, und wenn er es nicht tut, überlässt man ihn eben pyrotechnisch oder auch nur psychotechnisch der Verdammnis. Das mag ärgerlich sein, aber ändert nichts an den Verhältnissen und ist sehr effizient. Letztlich haben solche Verunsicherungen dann sogar einen stabilisierenden Effekt, weil man sie innerhalb der gebotenen Unterscheidung, also innerhalb der gegebenen Kategorien vollständig lösen kann. Man braucht sogar das Verderbte, damit das Heil überhaupt unterscheidbar ist, wie ja erst die Sünde das Gottgefällige wirklich charakterisieren kann.

Das Komplexität Generierende, darin Epochale der heliozentrischen Wende freilich bestand darin, dass sich die Beobachtungen von Galileo und Kopernikus nicht mehr so einfach dem vorherigen Schema subordinieren ließen – und das weniger aus logischen als aus empirischen Gründen und aus Gründen einer sich irgendwie entwickelnden Plausibilität. Es kam nun nicht einfach Widersprüchliches, sondern Inkommensurables zum Vorschein: Ob die Erde sich um die Sonne oder diese um jene dreht, war nun eine Frage der (wissenschaftlichen) Wahrheit. Die Unterscheidung, die sich Bahn brach – im wahrsten Sinne des Wortes, denn es ging um Planetenbahnen –, war die zwischen wahren und falschen Sätzen. Sie verhält sich im Hinblick auf die experimentellen und theoretischen Bedingungen der Naturbeobachtung letztlich indifferent zur Unterscheidung von Heil und Verdammnis. Die bloße Naturbeobachtung konnte sich unabhängig machen von der Frage, ob die kopernikanische Beobachtung stimmt oder nicht. Die beiden Seiten begannen, füreinander indifferent zu werden, schon weil die wissenschaftlichen Beobachter sich selbst der Frage enthalten konnten. Sie haben sich schlicht dafür interessiert, was man denn da eigentlich sehen kann.

Die Kirche hat auf diese Herausforderung sehr intelligent reagiert. Sie hat sich zunächst mit dem Kompromiss zufriedengegeben, die kopernikanischen Überlegungen als ein bloß mathematisches Modell zu tolerieren. So konnte sie das Problem einfach in eine Zone der Indifferenz auslagern, in die Mathematik, die ohnehin eine abstrakte Wissenschaft ist, keine Wissenschaft konkreter Wirklichkeiten. Damit wären die Beobachtungen so eingehegt, dass sie die Frage der symbolischen Bedeutung gar nicht erst berühren. Die Beobachtungen werden neutralisiert, indem man sie nicht in die eigene Entscheidung einmustert.

Doch so intelligent diese Lösung auch war, sie war bereits der Sündenfall. Denn diese Tolerierung toleriert nicht nur ein als bloße Mathematik ausgelagertes Buch eines preußischen Naturforschers, sie toleriert eine *andere Unterscheidung*. Sie unterscheidet Unterscheidungen – und das ist die eigentliche Bedrohung für das, was zuvor galt: Du sollst keine anderen Unterscheidungen neben meiner haben! Oder anders gesagt: Diese intelligente Lösung impliziert zugleich, dass man auch anders unterscheiden kann als nur danach, ob etwas dem Heil oder der Verdammnis näher steht. Es gibt auf einmal etwas, das bezogen auf die Unterscheidung Heil/Verdammnis irrelevant geworden ist. Damit entdramatisiert man die Unterscheidung – jedoch mit dramatischen Konsequenzen dafür, wie sich fortan die Welt darstellt, wenn nun auch andere Unterscheidungen vorstellbar sind.

Diese Geschichte setzt Lernprozesse in Gang: Sie lehrt zum einen, dass man Unterscheidungen nicht in der Welt vorfindet, sondern *Welten in spezifischen Unterscheidungen*. Man findet also die Welt von Heil und Verdammnis in der Unterscheidung, nicht in der Welt, und man findet das Problem der plausiblen oder unplausiblen Beobachtung als Wahrheitsfrage, nicht aber einfach so in der Welt. Es scheiden sich also Wahrheits- von Glaubensfragen, was einer Revolution gleichkommt.

Die Geschichte macht zum anderen auf zwei Formen der Kritik aufmerksam: auf eine interne Form und eine externe Form der Kritik. Die interne Form war diejenige, die im Schema der Unterscheidung gefangen bleibt, also eine, welche die Unterscheidungswerte *Heil* und *Verdammnis* anders zuordnen würde. Man könnte etwa argumentieren, dass es heilsrelevant sein könnte, die Schöpfung Gottes genau zu beobachten und womöglich – wenn ich eine theologische Erklärung erfinden darf – in der Dezentrierung der Erde zu einem Planeten unter anderem ein Symbol für die Gebrochenheit des Menschen vor Gott zu sehen. Man würde dann durch Kritik bestätigen, was man kritisiert – die Unterscheidung von Heil und Verdammnis würde erst recht stabilisiert und außer Frage gestellt, wenn man sie zum Ausgangspunkt von anderen Antworten machte. Es wären nur andere Antworten innerhalb derselben Ordnung.

Die externe Form von Kritik dagegen kritisiert, indem sie eine andere Unterscheidung anwendet, ob etwas wahr oder falsch ist. Gegenstand der Kritik wäre dann also der Gebrauch einer unangemessenen Unterscheidung. Die Kritik lautet: Hier geht es nicht um Glaubens- oder Erlösungsfragen, sondern um wissenschaftliche Wahrheitsfragen. Die Beobachter werden inkommensurabel – sie messen mit unterschiedlichen Maßen, sie können sich nicht einigen, weil sie unterschiedlichen Welten entstammen. Sie können höchstens anerkennen, dass man nicht nur unterscheidet, sondern auch Unterscheidungen unterscheidet. Und das ist wahrlich kein akademisches Problem. Beim Unterscheiden geht es bisweilen um Leben und Tod – auch eine Unterscheidung.

Papst Urban VIII., der zuvor schon ein großer Förderer Galileis war, hat eine überaus elegante Lösung für diese Herausforderung gefunden. Vielleicht ist es kein Zufall, dass er als Papst einer großen, nein, der großen Organisation seiner Zeit vorstand, also ein Organisationsprofi gewesen sein muss. Was ein Organisationsprofi beherrschen muss, ist einerseits die Fähigkeit, Unterschiedliches unter einem Dach mit einer Gemeinsamkeitsillusion zu versorgen. Andererseits muss ein Organisationsprofi Abweichungen managen und passend machen. Das ist auch heute nicht anders.

Die eingeführte Technik, mit Abweichungen umzugehen, waren für den Vatikan Zensurauflagen, das heißt Korrekturen, die die Illusion der Konsistenz durch kreativen Umgang mit Inkonsistenz herstellen sollen. Man kann Zensur sehr gewaltsam ausüben und zeigt damit ein sehr grobschlächtiges Komplexitätsmanagement – gerät aber auch in Paradoxien. Einen Text zu verbieten bedeutet ja nicht, dass der Text dadurch inexistent wird – ganz im Gegenteil: Das Verbot eines Textes dürfte als ein besonderer Beweis seiner Existenz gelten können, denn verbieten kann ich nur, was da ist und was zudem auch relevant ist, sonst müsste ich es nicht verbieten. Macht muss nur gegen etwas angewandt werden, das selbst Machtpotenziale hat. Deshalb muss ein kreativer Umgang mit der hier aufscheinenden Komplexität anerkennen, dass die Differenz unüberwindlich ist, und zugleich dafür sorgen, sie zu entschärfen. Genau das hat Papst Urban VIII. auf eine sehr moderne Weise getan.

Die Zensurauflagen für Galilei bestanden darin, dass dieser seinen *Dialogo* über die zwei Weltsysteme 1632 mit einem Bekenntnis für das ptolemäische Weltbild abschließen sollte. Ein schöner Kompromiss, der einerseits anerkennt, dass man unterschiedlich unterscheiden kann, der aber zwischen den Unterscheidungen wiederum einen Unterschied macht, und zwar einen asymmetrischen. Es war so etwas wie der Versuch einer Gewaltenteilung bei gleichzeitiger Gesichtswahrung der Kirche. Eine bloße Hypothese sollten Galileis Gedanken sein, damit die Ordnung der kirchlichen Unterscheidung gewahrt bleibt. Als bloße Hypothese wird die *andere* Unterscheidung zugleich anerkannt und unterlaufen – sie wird anerkannt, indem sie genannt werden kann, sie wird unterlaufen, indem sie aus der Perspektive der Macht des Vatikans nicht einfach gelöscht wird, sondern auf eine andere Realitätsebene gesetzt wird. Die paradoxe Wirkung dessen liegt dann freilich darin, dass die Hypothese eine besondere Macht entfalten kann, weil anerkannt wird, dass es eine andere Realitätsebene ist – womit die Asymmetrie zwischen der kirchlichen und der weltlichen Unterscheidungspraxis einerseits gewahrt bleibt, andererseits deren Autonomie nicht mehr wegzudiskutieren ist. Deren Autonomie besteht darin, dass sie sich eben nicht mehr ohne Rest in die Heil/Verdammnis-Welt einordnen lässt.

Die entstandene Autonomie, wiewohl eine zunächst asymmetrisch gehaltene Asymmetrie, immerhin konnte der Papst entscheiden, was gedruckt wird und was nicht, hat auch Galilei zu einer kreativen Lösung angeregt, angesichts derer man gar nicht mehr genau weiß, wer in dieser Asymmetrie eigentlich die Oberhand hat. Galilei hat sich an die Zensurauflage gehalten – und sich zugleich nicht an sie gehalten: Er hat das Bekenntnis zum ptolemäischen Weltbild tatsächlich in den *Dialogo* geschrieben, wie es die Auflage verlangt hatte. Aber er hat sie nicht einfach als sein Bekenntnis ausgegeben, sondern das Bekenntnis dem Dummkopf *Simplicius* in den Mund gelegt, womit zwar vordergründig der Zensurauflage Genüge getan, der Unterschied zwischen den Unterscheidungen aber umgekehrt wurde – und letztlich eine dritte eingeführt wurde, nämlich eine juristische, die der Zensurauflage *rechtlich* Genüge tut, aber die religiöse und wissenschaftliche Form unterläuft.

Es sollte bis zum Jahre 2008 dauern, bis der Vatikan die Verurteilung Galileis zurücknahm – übrigens seinerseits mit einem weder wissenschaftlichen noch theologischen Argument, sondern mit einem juristischen Hinweis: Letztlich sei die Verurteilung durch Papst Urban VIII. gar nicht gültig gewesen, weil dieser sie nie unterzeichnet habe. Damit hat der Vatikan eine weitere Unterscheidungsebene eingeführt. Es geht weder um Heil oder Verdammnis, noch geht es um die Wahrheit oder Unwahrheit der Beobachtung, sondern nun nur noch um die Rechtmäßigkeit des Verfahrens – eines Verfahrens, das nur durch die Signatur des Papstes gültig gewesen wäre, mithin also die Aufregung bedeutungslos blieb. Wenn man die Verurteilung danach beurteilt, ob sie rechtswirksam ist oder nicht, kann man von theologischen und wissenschaftlichen Unterscheidungen absehen, und alles fügt sich einer Ordnung, die sich eben nicht *einer* Ordnung fügt.

Der kleine Exkurs ins 17. Jahrhundert hat keine historische Tiefenschärfe. Er sollte als Parabel gelesen werden, als Parabel darauf, wie sich in der modernen Welt eine Mehrfachcodierung der Wirklichkeit etabliert. Was sich tatsächlich etabliert, sind unterschiedliche Formen von Geschlossenheit, also unterschiedliche Bereiche in der Gesellschaft, die die Welt mit ihrer je eigenen Logik, mit einem je eigenen Blick wahrnehmen und sich darin bewegen. Es wird dann fast unmöglich, sich so etwas wie eine gemeinsame Welt für alle überhaupt vorzustellen – und hier geht es nicht um individuelle Perspektiven von Menschen, die irgendwie unterschiedliche Erfahrungen gemacht haben. Es geht vielmehr um eine prinzipielle Diskontinuität, die hier in die Welt eingebaut wird. Das Beispiel macht auf Unterbrechungen aufmerksam, auf Unterbrechungen, die offensichtlich darauf reagieren, dass die Welt zu komplex geworden ist, um sie über den simplen Machtmechanismus des Vorrangs bestimmter Unterscheidungen vor anderen zu ordnen.

Perspektivendifferenz als Problem und als Lösung

Man kann sagen: Die hier sehr einfach beschriebene Form von Komplexität erlaubt es, unterschiedliche Problemlösungstools voneinander zu unterscheiden und dann neu aufeinander zu beziehen. An dem Beispiel zeigt sich: Wenn unterschiedliche Logiken komplexer werden, die Begründungsanforderungen dafür, was dem Heil dient und was zur Verdammnis führt, oder Naturbeobachtung genauer wird als die Hypothesen, die man aus vorherigen Weltbildern kannte, oder rechtliche Regulierungen an sich selbst erleben, dass sie Erwartungssicherheit nur dann herstellen können, wenn sie Verfahren und nicht Inhalte regulieren, lassen sich diese Steigerungen von Möglichkeiten und unterschiedlichen Problemlösungskonzepten aus Komplexitätsgründen irgendwann nicht mehr im Rahmen einer Unterscheidung verhandeln. Es entstehen gewissermaßen Welten in einer Welt, Welten, die nach unterschiedlichen Regeln funktionieren. Die Konsequenz ist dann, dass sich die einzelnen Logiken in ihrer Praxis voneinander unabhängig machen: Religiöse Überzeugungen werden durch rechtliche Entdramatisierungen gesichert, die Naturbeobachtung wird von religiösen Zumutungen ferngehalten, und das Recht beginnt, sich für die Inhalte selbst nicht mehr zu interessieren, wenn nur Verfahren angemessen eingehalten werden.

Dieses Verfahren einer Multiplikation unterschiedlicher Problemlösungstools geht auf zweierlei Art mit Komplexität um: Es reagiert auf Komplexitätssteigerungen, etwa auf die Konkurrenz der Himmelsbeobachtung. Im Englischen könnten wir sagen: Aus *heaven* wird *sky* oder *outer space*. Mit der logischen Trennung der Bereiche werden diese entlastet, weil sie weniger

Komplexität bearbeiten müssen, indem sie eben nur ihre eigenen Probleme lösen müssen. Zugleich steigen aber die Komplexitätsanforderungen im Verhältnis der Logiken zueinander. Was soll ein Papst denn machen, der vor Kurzem noch fürs Ganze stand und nun anerkennen muss, dass es neben dem Ganzen noch konkurrierende Formen gibt – nicht religiöse Konkurrenz, sondern eine Konkurrenz auf ganz anderen Gebieten? Er war noch mit genügend Macht ausgestattet, wenigstens Publikationsauflagen zu machen, aber dass es überhaupt zur Publikation kommt, ist bereits ein Hinweis darauf, dass sich die Komplexitätssteigerung nicht einfach durch ihre Unterdrückung lösen lässt. Das verhindert es, das Ganze als Ganzes wahrnehmbar zu machen, weil unterschiedliche universale Beobachtungen nebeneinander entstehen. Für die Naturbeobachtung wird es völlig irrelevant, ob die Beobachtung heilsrelevant ist – für den Papst ist es nicht ganz so einfach, weil er mehr zu verlieren hat. Aber nachdem irgendwann auch diese Macht verloren war, können Glaubens- und Wahrheitsfragen gut nebeneinander existieren.

Schon dieses sehr einfache Beispiel zeigt nicht nur, dass es keine einheitliche Beschreibung mehr für ein solch komplexes Geschehen geben kann. Je nach Beschreibungsebene werden in diesem Fall ganz unterschiedliche Probleme gelöst, die nicht aufeinander abbildbar sind. Das religiöse Problem der Heilsrelevanz will andere Probleme lösen als die Frage der Richtigkeit der wissenschaftlichen Beobachtung, und die rechtliche Verfahrensfrage kann als ausgeschlossenes Drittes der beiden anderen Problemlagen gelten. Für das Recht ist es völlig egal, ob hier ein religiöses oder ein wissenschaftliches Problem gelöst wird. Die Erfolgsbedingung des Rechtlichen verhält sich geradezu indifferent zu den beiden anderen – und löst ein Problem, das diese nicht haben können.

Komplex ist eine Situation dann, wenn sie mehrere andere Zustände annehmen kann, das heißt, wenn es zwischen einem Ereignis A und einem Ereignis B keine notwendige oder eindeutige Beziehung geben muss. Das gilt für fast alles, was keine Trivialmaschine oder keine simple algebraische Gleichung ist, aber potenziert sich dort, wo unterschiedliche Logiken gleichzeitig und nebeneinander statthaben. Man muss keine große Fantasie aufbringen, um das für eine Parabel auf die moderne Gesellschaft zu halten. Man kann sagen: Das Gesellschaftliche des Beispiels um die Naturbeobachtungen Galileis und Kopernikus' besteht gerade darin, dass die Dinge irgendwie nicht zusammenpassen und auch nicht wirklich koordiniert werden können, weil sie ja gerade in Echtzeit gleichzeitig nebeneinander geschehen.

Schon an dem historischen Beispiel fällt auf, dass sich unterschiedliche Beschreibungsmöglichkeiten desselben Sachverhalts nicht mehr durch eine hierarchische Ordnung des Ausschlusses und der Unterdrückung anderer Möglichkeiten bearbeiten lassen. Es lässt eine Welt aufscheinen, wie wir sie heute nur zu gut kennen. Alles wird kontextualisiert, das heißt, wie die Dinge sich darstellen, hängt davon ab, von wo aus wir sie betrachten. Letztlich ist die Gesellschaft voller unterschiedlicher Problemlösungsperspektiven. Etwas aus ökonomischer Perspektive zu betrachten löst andere Probleme, als dies aus politischer, wissenschaftlicher, rechtlicher oder religiöser Perspektive zu tun. Ökonomisch erscheint etwas stets als Knappheitsproblem, als Problem des angemessenen Einsatzes von Mitteln und der Herstellung zukünftiger Zahlungsfähigkeit – aus politischer Perspektive dagegen erscheint die Welt als etwas, das kollektiv gestaltet werden muss und für das man Mehrheiten oder wenigstens Plausibilität erwerben muss. Das muss man ökonomisch auch – aber die Plausibilität für einen Käufer ist eine andere als die für einen Wähler, und die Plausibilität, die ein wissenschaftliches Argument einem Leser abverlangt, ist wiederum eine andere als die, die der Leser eines Stücks Literatur erwartet. Und selbst wenn sich dies im Alltag nicht annähernd so trennscharf darstellt, wie es sich hier abstrakt beschreiben lässt, kann man doch an der prinzipiellen Komplexität eines solchen Systems kaum vorbeisehen. Das Grundproblem von Komplexität ist dann tatsächlich die Mehrfachbedeutung, die alles stets hat – und nicht nur im Sinne unterschiedlicher Geschmacksfragen, sondern vor allem unterschiedlicher Logiken, die sich nebeneinander etabliert haben.

Verteilte Intelligenz

Will man die Logik der modernen Gesellschaft verstehen, ist vielleicht das Bild der *verteilten Intelligenz* recht nützlich. Innerhalb der Soziologie wird diese Frage als *Theorie funktionaler Differenzierung* diskutiert. Diese Diskussion stellt sich meistens an der Frage scharf, wie denn die unterschiedlichen Logiken und Formen miteinander *integriert* werden. Ich will versuchen, ein Beschreibungsangebot zu machen, das die Komplexität der Gesellschaft wirklich ernst nimmt, und verlege mich dazu zunächst auf technische Metaphern.

Distributed intelligence nennen die Informatiker Programme und Architekturen, in denen unterschiedliche Probleme, Lösungen, Geschwindigkeiten, Kapazitäten und operative Einheiten nicht strikt, sondern lose miteinander gekoppelt werden. Die lose Kopplung hat dazu geführt, dass die sogenannten Peripheriegeräte wie Drucker, Plotter, Laufwerke, Speicher, Arbeitsplätze usw. nicht mehr einfach von einem Zentralrechner aus gesteuerte Untergeräte sind, sondern Geräte, die selbst über Rechenkapazität verfügen. Das ermöglicht es zum Beispiel, den Datenaustausch möglichst klein zu halten, zeitliche Prozesse auseinanderzuziehen und damit für jeweilige Unabhängigkeit und auch Fehlerfreundlichkeit zu sorgen. Denn durch die losere Kopplung ist etwa der Ersatz beziehungsweise die Weiterentwicklung einer Komponente möglich, ohne das Gesamtsystem vollständig bearbeiten zu müssen. Für so etwas wie die *Gesamtintelligenz* eines Systems mit *verteilter Intelligenz* gibt es keine Funktionsstelle mehr. Es geht jetzt um Schnittstellenmanagement, das in einem hierarchisch gebauten System mit Unterkomponenten aus einer schlichten Befehlsfolge mit vergleichsweise wenig komplexer, aber fehlersensibler Kopplung bestand. *Verteilte Intelligenz* dagegen erhöht die Unabhängigkeit der Komponenten – erhöht aber auch die Schnittstellenkomplexität und verringert die Möglichkeit zentraler Steuerung, weil man nicht mehr auf alle Prozesse der anderen Komponenten Zugriff hat.

Es mag befremdlich erscheinen, ein solches Bild aus dem Bereich der technischen Informatik als Bild für die Gesellschaft heranzuziehen – aber letztlich ist bereits unser historisches Beispiel ein Fall *verteilter Intelligenz*, das durch lose Kopplung ein Problem löst, damit aber neue Probleme produziert, insbesondere auf der Seite derer, deren Selbstbeschreibung noch darauf setzt, so etwas wie eine *CPU* zu sein, um im technischen Bilde zu bleiben, eine *Central Processing Unit*. Papst Urban VIII. hatte formal die Macht, Texte auf den Index zu setzen beziehungsweise Auflagen für die Publikation durchzusetzen, aber wie die

Bedingungen an der Peripherie erfüllt werden, konnte er schon nicht mehr wirklich präjudizieren.

Verteilte Intelligenz ist, wie das Beispiel zeigt, vor allem der Gewinn pluraler Intelligenz und der Verlust zentraler Determinationsmöglichkeiten – je nachdem, von wo aus man hinsieht. Es entsteht eine Bedingung, die man – wiederum technisch gesprochen – als Prekärwerden linearer Formen beschreiben kann. Der Papst verlangt, dass der empirische Beobachter ein Bekenntnis ablegt, und der empirische Beobachter legt dieses Bekenntnis jemandem in den Mund, der explizit kein empirischer Beobachter ist. Damit ist der Sache formal Genüge getan – aber mit den Mitteln einer anderen Intelligenz. Der Papst hätte dies letztlich nur durch Gewalt unterbinden können – und dass diese Art Gewalt immer unwahrscheinlicher wurde, ist kein Zeichen dafür, dass die Seite der Empirie gestärkt wurde, sondern dafür, dass selbst das gewaltsame Durchregieren die prinzipielle empirische Beobachtbarkeit nicht außer Kraft setzt. Der Verzicht auf Gewalt wäre so etwas wie kluges oder wenigstens realistisches Schnittstellenmanagement.

Es geht hier um das, was die meisten Konflikte ausmacht – Schnittstellenmanagement entspricht letztlich einer polykontexturalen Gesellschaft. Polykontexturalität, ein von dem Philosophen Gotthard Günther geprägter Begriff,[24] meint, dass sich die Welt stets so darstellt, wie sie aus der jeweiligen Kontextur erscheint, und soziologisch lässt sich daraus die Konsequenz ziehen, dass es offensichtlich keine Instanz, keinen Ort, keine Perspektive, keine Unterscheidung, keinen Beobachterstandpunkt, keine Sprecherposition und keine Autorität gibt, die für alle Kontexturen gleichermaßen sprechen könnte. Es gibt Macht und Herrschaft, gewaltsame und illegitime Formen des

Oktrois, es gibt Kämpfe um Vorteile und Hegemonien, militärisch, ökonomisch, wissensförmig, rechtlich, territorial, religiös, kulturell und ästhetisch – aber dass es sie gibt, ist nur ein Hinweis auf die Polykontexturalität der Welt. Könnte man die Kämpfe innerhalb einer Kontextur austragen, befände man sich in der alten Welt jener Strategien, die nur die instrumentelle Perspektive des Umbaus kennen oder die moralische Kategorie einer kollektivierbaren Einsicht. Sie funktionieren nur, weil sie eine Beschreibbarkeit der Welt innerhalb einer Logik fingieren:

- durch die Fixierung auf den einen Hauptwiderspruch in der Kapitalismuskritik in linken Umbauperspektiven, die getragen sind von der Annahme einer objektivierbaren Analyse von Klassen- und Interessenlagen, deren reale Pendants dann als falsches Bewusstsein erscheinen;
- durch die bürgerlich-konservative Idee der moralischen Einsicht, des Verzichts auf Handlungsoptionen und der kollektivierbaren Moralität, die sich dann darüber wundert, dass sich Akteure entweder nach anderen Algorithmen verhalten oder aber das individuelle Motiv nicht kollektivierbar ist;
- schließlich durch die rechte Idee der Überwindung moderner Polykontexturalität durch die Simulation einer kulturellen/ethnischen/nationalen Einheit, die durch Einschluss- und Ausschlussroutinen die Komplexität der Situation zu überwinden trachtet – und am Ende feststellen muss, wie polykontextural selbst eine ethnisch völlig homogene Gesellschaft wäre.

Die meisten öffentlichkeitswirksamen Beschreibungen der modernen Gesellschaft sind auf diese drei Fiktionen aufgebaut. Ihr

Erfolg liegt darin, dass sie gegen eine moderne Grunderfahrung opponieren, die sich einer linearen Beschreibbarkeit deshalb entzieht, weil es einer Beschreibungsmöglichkeit für Nichtlinearität bedürfte – Beschreibungen aber an die Serialität der Sprache gebunden sind. Die Gesellschaft im Narrativ eines Hauptwiderspruchs zu erzählen, als eine Gesellschaft nicht einsichtswilliger Personen oder aber als Abweichung von einer dem Gesellschaftlichen *natürlich* inhärenten Homogenität, hat den Vorteil, die Polykontexturalität der Gesellschaft durch monokontexturale Beschreibungsformen heilen zu wollen. *Ex negativo* gesprochen, beinhaltet die Diagnose der Komplexität bereits die Diagnose der Nichterzählbarkeit der Gesellschaft, eben weil jeder Satz noch einmal dadurch indiziert ist, dass er nur die Probleme lösen kann, die er lösen will.

Das geschieht auch gerade diesem Text, dem man ganz ohne Zweifel vorwerfen kann, dass er sich eigentlich gar nicht mit der Sache selbst beschäftigt, also mit der Gesellschaft, die da beschrieben wird, sondern nur mit ihrer Beschreibbarkeit. Ein solcher Vorwurf wäre zutreffend – und doch auch wieder nicht. Denn die hier angedeutete Diagnose erzeugt erzählerisch einen Gegenstand, der sich mit den üblichen plausiblen Mitteln, so die Behauptung, nicht erzählen lässt – wenigstens nicht mit denen, die ich hier noch einmal aufgezählt habe. Die Beschreibung und ihr Gegenstand koinzidieren also exakt in jenem Problem, das ich das Komplexitätsproblem genannt habe.

Die Metapher der *verteilten Intelligenz* könnte vielleicht ein Schlüssel sein, um das Problem verständlicher zu machen. Die Fragerichtung wäre dann nicht, ob *verteilte Intelligenz* eine gute Lösung ist, sondern umgekehrt: *Wenn sich so etwas wie verteilte Intelligenz als Rechnerarchitektur durchsetzt, kann man die Frage stellen, was das Bezugsproblem für eine solche Architektur war.* Warum also hat man sich in der Computertechnik von der hierarchischen Architektur der vertikalen und asymmetrischen Anordnung der Komponenten mit einem klar identifizierbaren Zentrum hin zu einer eher horizontalen, symmetrischen, loser gekoppelten Form entschieden, warum von der Determinationsbeziehung in einem Ebenenmodell hin zu einem Netzwerk ohne eigentliche Spitze und Zentrum? Was war das Problem für diese Lösung?

Die Antwort ist einfach: Komplexität – also die gleichzeitige Bearbeitung unterschiedlicher Aufgaben, die nicht mehr kausal, sondern in Form von Wechselwirkungen und gegenseitigen Ermöglichungsbeziehungen miteinander verbunden sind. Die Fülle neuer Aufgaben, die Unterschiedlichkeit von Prozessen und die höhere Performance durch (Teil-)Autonomisierung der Komponenten hat es verlangt, von dem klassischen Modell der Arbeitsteilung und seiner zentralen Organisation umzustellen auf die Koordination und Kooperation je funktional autonomer Komponenten, die für sich wechselseitig Umwelten darstellen und somit der Mehrwert ihrer Kooperation in ihrer funktionalen Unterbrechung liegt. Der kategoriale Unterschied der beiden Modelle lässt sich an ihren Transaktionskosten verdeutlichen:

- Die Transaktionskosten im ersten Modell kumulieren dort, wo es für die Zentrale zu einem Kapazitätsproblem wird, alle Prozesse einer Architektur prädiktiv und mit Hilfe starker Kontrolle im Blick zu haben, was dann bei Störungen dazu führt, dass sich Fehler in der Peripherie schnell auf die Arbeitsfähigkeit des Gesamtsystems auswirken. Zentralistische Führung, eindeutige Expertise und stabiles Wissen sind die

Medien, mit deren Hilfe sich ein solches System steuern lässt. Es ist letztlich die Utopie des klassischen *scientific management*, das hier Pate steht, also eines Managementmodells, in dem sich Wissen, Wollen und Können in einer einheitlichen und vereinheitlichenden Spitze vereinen.

- Die Transaktionskosten des zweiten Modells verringern sich dadurch, dass die Teilautonomie der Komponenten Probleme dort löst, wo sie auftreten, und in den jeweiligen Umwelten nur der Output registriert wird, nicht aber der Prozess selbst. Sind die Komponenten des ersten Modells *white boxes*, sind sie in diesem Modell *black boxes*. Dafür aber steigen die Transaktionskosten durch einen höheren Bedarf an Koordinations- und Kommunikationsleistungen. Wenn nicht mehr zentral feststeht, wer was warum wann wofür tut, muss dies in ständigen *bargaining*-Prozessen immer wieder neu festgelegt werden.

Vielleicht steckt in einer technisch orientierten Beschreibung von Rechnerarchitekturen, wie ich sie hier sehr vereinfacht darstelle, eine gewisse Plausibilität für die Beschreibungsmöglichkeit von Komplexität. Schon die Metapher der *verteilten Intelligenz* verweist auf das, was in der Soziologie als *gesellschaftliche funktionale Differenzierung* bezeichnet wird, also darauf, wie sich unterschiedliche gesellschaftliche Logiken und Funktionen nebeneinander ausbilden, die je unterschiedliche Probleme mit je unterschiedlichen Mitteln, Medien und unter unterschiedlichen Erfolgsbedingungen lösen – was Ausdruck der besonderen Komplexität der modernen Gesellschaft ist.[25] Diese Differenziertheit und Perspektivendifferenz der Gesellschaft ist es, die alle Beschreibungen, insbesondere solche mit Lösungs-, Kritik-

und Veränderungsappeal, hinter der Dynamik des Beschriebenen selbst hinterherhinken lassen, was dann wiederum die Voraussetzung für eine Radikalisierung jener Beschreibungen ist.

Um aber Missverständnissen vorzubeugen: Die Umstellung von Rechnerarchitekturen ist das Ergebnis von bewussten Entscheidungen. Für die gesellschaftliche Etablierung von verteilter Intelligenz oder funktionaler Differenzierung gilt das nicht. Sie ist das Ergebnis ungeplanter historischer Entwicklungs- und Modernisierungsprozesse.

Vergleicht man noch einmal die an technischen Begriffen der Informatik gewonnenen Modelle im Hinblick auf den Umgang mit der Perspektivendifferenz der Gesellschaft, dann lassen sich zwei typische Formen des Umgangs mit Komplexität beobachten:

- Das erste Modell entspricht der klassischen modernen Industriegesellschaft mit fordistischer Wirtschaftsstruktur, klarer nationalstaatlich organisierter politischer Willensbildung mit einer behördenförmigen Verwaltungsstruktur, mit relativ klar definierten Normallebensläufen und daran orientierten Versorgungsstrukturen, stabiler Schichtung mit klaren Regeln für den sozialen Aufstieg, nicht zuletzt auch klaren Generations- und Geschlechtsrollen. Im Hinblick auf die Transaktionskosten erkauft sich dieses Modell seine Stabilität mit einem stark nationalstaatlich und expertenkulturell integrierten Steuerungsmodell, das über eine gelungene Kombination von Wohlfahrtsstaat, Kapitalismus und wissenschaftlich-technischem Fortschritt in der Lage war, eine Koordination seiner unterschiedlichen Logiken zu gewährleisten. Es ist übrigens auch das Modell, an dem sich sowohl die Sozialwissenschaften als auch die öffentlichen Debatten über gesellschaftliche Selbstbeschreibungen und Zeitdiagnosen orientiert haben. Es ist das Normalmodell, dessen Beschreibungsformen für uns am plausibelsten erscheinen.

- Das zweite Modell zielt auf eine stärkere Eigendynamik der unterschiedlichen, voneinander entkoppelten Logiken der Gesellschaft, die mit der Globalisierung ökonomischer, politischer, kultureller, religiöser und medialer Natur eine Dynamik in Gang gesetzt hat, vor der die klassische Industriegesellschaft als geradezu übersichtlich und kleinräumig erscheint. Im Hinblick auf die Transaktionskosten bewegen sich die Konflikte hier tatsächlich an den Schnittstellen: Wie ist eine politische Regulierung des Ökonomischen in einer global dynamischen Weltwirtschaft möglich? Wie kann politische Autonomie und demokratische Legitimation angesichts supranationaler Verflechtungen gelingen? Wie kann man normative Erwartungssicherheit rechtlich sicherstellen, wenn die Geltungsräume des Rechts nicht denen des Politischen, Ökonomischen oder Medialen entsprechen? Wie kann die Gesellschaft mit den unterschiedlichen Geschwindigkeiten von Ökonomie und Politik, von Familien und Bildung und Karrieren usw. umgehen? Wie können Medien das Bild einer verstehbaren Welt vermitteln, wenn sich alles widersprüchlich darstellen lässt? Wie können Großprojekte geplant werden, wenn die Zahl der Stakeholder steigt? Wie sind ökonomisch langfristige Projekte möglich, wenn Stakeholder und Shareholder sich immer mehr unterscheiden? Wie kann man mit sozialer Ungleichheit umgehen, wenn Schichtungsmodelle keine kulturelle Plausibilität mehr haben? Von wem kann man Solidarität für Transferzahlungen erwarten, wenn die Geltungsräume des Politischen und Rechtlichen erlebten Zugehörigkeitsgefühlen nicht entsprechen? Wie kann man Argumenten trauen, wenn Experten ihre klassischen Sprecherpositionen verloren haben? All dies sind Fragen, die auf Schnittstellenprobleme reagieren. War das Steuerungsmedium des klassischen Modells ein relativ umgrenzter Herrschaftsraum, ist es nun die Frage nach Kooperation und Koordination.

Das technophile Bild der Metapher der *verteilten Intelligenz* scheint also gut zu funktionieren. Es kann tatsächlich dazu dienen, den Fokus in der Beschreibung der Gesellschaft von einem grundlegenden Prinzip hin zu Koordinationsprozessen zu verschieben, um so die Komplexitätsproblematik angemessener zu erfassen. Es geht also um das Prinzip der Prinzipienlosigkeit, um es paradox auf den Begriff zu bringen.

Man könnte nun einwenden, dass ein technisches System *verteilter Intelligenz* und entsprechender Netzwerkstrukturen immerhin noch den Informatiker braucht, der die unterschiedlichen Komponenten zusammensteckt und ihnen so etwas wie eine gemeinsame Programmiersprache beibringt. Denn die gesellschaftliche *verteilte Intelligenz* ist genau nicht als ein zentral geplantes Programm anzusehen – ein Denkfehler, der übrigens auch innerhalb der Soziologie weit verbreitet ist, man denke etwa an Ulrich Becks wiederholte Kritik am Differenzierungsparadigma, das er eher für ein politisches Programm als für eine Theorie hielt, die gerade die evolutionären Formen der Entstehung unterschiedlicher Unterscheidungen rekonstruieren will. Man möge doch von *funktionaler Differenzierung* auf *funktionale Koordination* umstellen.[26]

Es ist ohnehin eines der entscheidenden Charakteristika der europäischen, der westlichen Moderne und mit ihr auch der Organisationsformen in Politik, Wirtschaft, Verwaltung, Wissenschaft, die sich in der ganzen Welt ausgebreitet haben, das man *Gewaltenteilung* nennen könnte. Dieser Begriff stammt aus der liberalen englischen und französischen Tradition der Staatstheorie, prominent von John Locke und Montesquieu formuliert. Die Grundidee ist die, dass moderne Staatsformen die Gewalt teilen und Akteure unterschiedlicher Provenienz und unterschiedlicher Aufgaben und Funktionen mitreden. Klassisch unterscheidet man hier legislative, judikative und exekutive Funktionen. Nichts geschieht in solchen Konstellationen, ohne dass es andere Perspektiven gäbe, die entweder andere Probleme lösen oder als Kontrollinstanzen fungieren. Nirgendwo gibt es Positionen, die nicht von außen anders beobachtet würden. Und selbst diese drei staatlichen Funktionen sind intern noch einmal gewaltenteilend differenziert – etwa in Form von Regierung und Opposition, von unterschiedlichen Verwaltungszuständigkeiten, von unterschiedlichen Akteuren im Rechtswesen, die die Interessen unterschiedlicher Parteien vertreten, usw. Dieses staatstheoretische Modell ist nur eine Parabel darauf, dass in allen Bereichen der Gesellschaft Gewaltenteilungen multipler Intelligenzen zu beobachten sind. Schon die Tatsache, dass fast alles Wichtige in Organisationen stattfindet – in Unternehmen und Ministerien, in Betrieben und Universitäten, in Schulen und Verwaltungen –, ist ein Hinweis darauf, dass überall sich Arbeitsteilung, Gewaltenteilung, multiple Zuständigkeiten und Verflechtungen entfalten, die eben nicht durch Entwürfe aus einem Guss oder durch Versöhnungs- oder Integrationsfantasien überwunden werden können – und sollten!

Von Schwärmen schwärmen?

Man sollte *verteilte Intelligenz* als technisches Phänomen tatsächlich ernst nehmen, denn die weltweiten Computernetze, insbesondere das Internet, sind ein Paradebeispiel dafür, wie Vernetzung ungeplant und evolutionär entsteht und ihre Stärke in der lose gekoppelten Form unterschiedlicher Komponenten findet, mit genau deswegen bis heute noch ungeahnten Formen der wechselseitigen Kontrolle. Diese Konstellation ermöglicht nämlich genau das, was Komplexität bedeuten soll: dass dasselbe bei unterschiedlichen Adressaten eben je Unterschiedliches bedeuten kann, weswegen wir uns heute bei der Bemühung um *informationelle Selbstbestimmung* auf einem geradezu paradoxen Terrain bewegen. Letztlich kann das Internet als eine erweiterte Netzwerkarchitektur angesehen werden, die sich der zentralen Kontrolle radikal entzieht und gerade deshalb multizentrische Kontrollformen erlaubt (dazu mehr im nächsten Kapitel).

Das Internet ist in der Tat *verteilte Intelligenz*, wenn man darunter das lose gekoppelte gleichzeitige Nebeneinander von Unterschiedlichem versteht, dessen Struktur durch Koordinationspraktiken entsteht. Jeder Nutzer des Internets hat die Möglichkeit, Wege zu beschreiten, die es ohne seine Praxis vorher nicht gegeben hat. Andere Orte in der Gesellschaft sind dann keine Utopien mehr, also nichts, was unerreichbar wäre und am Ende doch keinen Ort hat, sondern, wie Michel Foucault schreibt, »Heterotopien«, also »wirkliche Orte, wirksame Orte, die in die Einrichtung der Gesellschaft hineingezeichnet sind, sozusagen Gegenplatzierungen oder Widerlager, tatsächlich realisierte Utopien, in denen die wirklichen Plätze innerhalb der

Kultur gleichzeitig repräsentiert, bestritten und gewendet sind, gewissermaßen Orte außerhalb aller Orte, wiewohl sie tatsächlich geortet werden können.«[27] Geschrieben lange vor der Erfindung des Internets, meinte er halb alltägliche, halb außeralltägliche Orte, an denen andere Erfahrungen gemacht werden und die eine Kultur mit einer gewissen Abweichung, also mit anderen Orten, eben mit Heterotopien, versorgen und so eine Dynamik innerhalb und gegen die Normalisierung in Gang setzen.

Die intellektuelle Begleitung der digitalen Welt war stets von der geradezu romantischen Erwartung solcher, paradox ausgedrückt, heterotoper Utopien geprägt. Bezogen aufs Internet reicht die Spanne von der Euphorie eines Howard Rheingold 1993, der eine neue demokratische Kultur in »virtuellen Gemeinschaften«[28] am Horizont sah, bis zu Sascha Lobos Klage, das Internet sei inzwischen kaputt, weil es all diese Verheißungen praktisch dementiere.[29] Grundtenor in der Reflexion des Internets ist aber nach wie vor das Rheingold'sche Motiv der Vergemeinschaftung und des *social network*, der Möglichkeit von Gegenöffentlichkeiten und des Zusammenbringens von Teilpublika, die ohne das Netz nicht erreichbar wären. Es ist ein Diskurs darüber, wie man den Vorteil schwacher Netzwerke ausnutzen kann: Das Netz bringt Leute zusammen, die sonst nicht zusammenkämen, und erzeugt dadurch adressierbare Räume, die andere Medien nicht in dieser Geschmeidigkeit herstellen können. Aus dem öffentlichen Raum der bürgerlichen Gesellschaft mit ihrem Wunsch nach dem einen legitimen Geschmack, der einen legitimen Lebensform, der einen sozialmoralischen Intuition und der Vereinheitlichung politischer Konfliktlinien entsteht ein *Pluralismus von communities*, die sich operativ neu bilden und nicht mehr die Gesellschaft repräsentieren, sondern nur ihre je eigene Sphäre in thematischer, ästhetischer und sozialmoralischer Absicht.

Die sozialen Implikationen setzen hier erstaunlich traditionell an. Die Entstehung vernetzter Kommunikationssysteme wird in ihrer heterotopen Struktur zwar gesehen, aber sogleich mit der Utopie der *kollektiven Intelligenz* und der *Schwarmintelligenz* belegt, etwa im Sinne von Howard Rheingolds *Smart Mobs*,[30] die nicht nur *virtual communities* von Individuen sind, sondern auch kollaborative Systeme mit kollektiver Intelligenz werden können. Doch letztlich geht es dann auch hier darum, aus der Differenz von Perspektiven etwas Gemeinsames zu machen. Mit großem Optimismus etwa hat James Surowiecki in seinem Bestseller *The Wisdom of Crowds*[31] darauf hingewiesen, dass die Homogenität von Gruppen und die Ähnlichkeit von Perspektiven die Fehlerquote bei der Einschätzung von Wirklichkeit erhöhen. Das Ergebnis ist ein Plädoyer für möglichst heterogene Gruppen – aber Schwärme im Sinne der romantischen Idee einer »Schwarmintelligenz« sind das nun wirklich nicht. Der Bienenschwarm, der sich durch kollektives und kooperatives Verhalten gegen stärkere Gegner und Bedrohungen durchsetzen kann, oder der Vogelschwarm, dem durch aerodynamische Konstellationen weitere Flugstrecken gelingen, als es einzelnen Piepmätzen möglich wäre, ist ja nur deshalb kollektiv intelligent, weil Bienen oder Vögel im Hinblick auf Gefahrenabwehr beziehungsweise Flugmanöver einen recht eingeschränkten Verhaltensspielraum haben.

Vielleicht ist die Idee der Weisheit der vielen nur eine Umkehrung der Verhältnisse – denn was Netzwerke anbieten, ist etwas völlig anderes: Sie ermöglichen eben nicht eine kollektive Weisheit der vielen, sondern eher eine individuelle Klugheit der

Einzelnen. Wie man aus der Netzwerkforschung weiß, sind gerade lose gekoppelte Verbindungen in der Lage, Informationen zusammenzubringen, die man in stärker gekoppelten Netzwerken nicht bekommen würde. Der Klassiker der Netzwerkforscher stammt von dem derzeit an der Stanford University lehrenden Soziologen Mark Granovetter, der die – geradezu zur Formel gewordene – *strength of weak ties* hervorhebt.[32] Wenn man also einen Job sucht und über wenige feste Kontakte verfügt, ist die Erfolgswahrscheinlichkeit geringer, als wenn man über viele eher lose Kontakte verfügt, weil lose Kontakte uns mit Erfahrungen zusammenbringen, die den unseren unähnlicher sind und somit einen höheren Informationswert haben können. Und: Je komplexer eine soziale Situation ist, also je uneindeutiger einzelne Elemente miteinander verknüpft sind, desto mehr Chancen gibt es, von schwachen Verbindungen zu profitieren. Dieser Mechanismus verbindet Komplexität und Digitalität: Es geht dabei eben nicht um Kollaboration und Kollektivität, sondern darum, dass sich die Erreichbarkeit der Welt individualisiert – Pfade werden immer unwahrscheinlicher und deshalb auch unterschiedlicher, was umgekehrt technische Tools der Identifizierung und Steuerung von Individuen mit Hilfe von Big Data und der Rekombination von Daten und Netzwerken ermöglicht. Ausführlicher dazu im nächsten Kapitel.

Hinter der romantischen Verklärung des Internets als kollaboratives Netzwerk, in dem die Weisheit der vielen möglich ist, verbirgt sich nichts anderes als das statistische Phänomen der großen Zahl. Je höher die Fallzahl, desto eher neigt die Mehrheit zu jenem Durchschnitt, den man für die Wirklichkeit hält.[33] So haben Experimente gezeigt, dass bei Schätzungen hohe Fallzahlen sogar dem Urteil von ausgewiesenen Experten überlegen sind – was aber nichts anderes abbildet als die Normalverteilung in der Gauß'schen Glockenkurve. Was sich hier durchsetzt, sind letztlich wieder die Plausibilitätsstrukturen der kollektiven Einsicht beziehungsweise der einheitlichen Beschreibung – dabei sind dies doch lediglich Funktionen unterschiedlicher Präferenzen, Urteile und Perspektiven, die sich statistisch glockenförmig verteilen.

Weniger romantisch bildet sich hier das ab, was in der liberalen Wirtschaftstheorie für die Preisbildung beschrieben wird. Friedrich August von Hayek schreibt in seinem berühmten Aufsatz *The Use of Knowledge in Society*: »*If* we possess all the relevant information, *if* we can start out from a given system of preferences, and *if* we command complete knowledge of available means, the problem which remains is purely one of logic.«[34] Da diese Bedingung vollständiger Information, vollständiger Präferenzrationalität und vollständigen Wissens über Zweck-Mittel-Relationen nicht gegeben ist, sorge der Markt individueller Spieler dafür, dass sich ohne die Weisheit der Individuen eine rationale kollektive Lösung durchsetzen könne. Der am Markt erzielte Preis wäre also, stört man ihn nicht durch politische Regulierung, Kartelle oder sonstige Eingriffe, ein *rationaler* Preis, was nichts anderes als die normative Kraft des Faktischen unter Bedingungen der Normalverteilung von Handlungspräferenzen bedeutet. Der Traum der Weisheit der vielen ist also nicht verteilte, sondern kollektive Intelligenz, der Versuch, Komplexität durch eine Form emergenter Konformität zu bewältigen – Konformität nämlich, die sich in einer mäßigen Streuung der Fälle um einen Mittelwert organisiert. Das aber ist ein nachträglicher Wert – wie der Preis das Ergebnis eines Marktprozesses ist, wäre hier Normalverteilung von Präferenzen das Ergebnis eines komplexen Geschehens. Kollektiv ist daran lediglich ein leicht zu beschreibendes Ergebnis. Vielleicht ist ja die Funktion von Preisen auf Märkten, einen komplizierten Mechanismus einfach auszudrücken, nicht aber eine Repräsentation des Prozesses selbst.

Summa summarum: Die Metapher der *verteilten Intelligenz* darf nicht mit der im doppelten Sinne *schwärmerischen* Metapher der *kollektiven Intelligenz* gleichgesetzt werden, was auf das schwierigere Problem der Ordnungsbildung in komplexen Systemen verweist, dem ich mich nun zuwenden werde.

Ordnung als Funktion von Unordnung

Die vielleicht beste Einführung in das Problem der Komplexität ist Gregory Batesons *Ökologie des Geistes*. Der erste Teil des Buches beginnt mit sieben Metalogen, Gesprächen Batesons mit seiner Tochter Cathy, in denen nicht nur über etwas gesprochen wird, sondern auch darüber, wie darüber gesprochen wird. Der erste Metalog beginnt mit der Frage der Tochter an den Vater: *Papi, warum kommen Sachen durcheinander?* Die Leute würden viel Zeit damit verbringen, Sachen aufzuräumen und Ordnung zu stiften. All das wieder durcheinanderzubringen brauche dagegen sehr viel weniger Zeit und Aufmerksamkeit. Vater und Tochter einigen sich darauf, dass es wahrscheinlich weniger Zustände gibt, die man ordentlich nennen würde, als solche, die durcheinander sind. Freilich kann man unterschiedliche Zustände von »Durcheinander« nur dann identifizieren, wenn man sie ihrerseits an Ordnungsvorstellungen scharfstellt. Das Gespräch läuft so:

Vater: … *glaubst du denn auch, du meinst dasselbe mit »ordentlich« wie alle anderen Leute? Wenn Mami deine Sachen aufräumt, weißt du dann, wo du sie findest?*

Tochter: *Hmmm …* manchmal – *weil, siehst du, ich weiß, wo sie sie hinlegt, wenn sie aufräumt –*

V: *Ja, ich versuche auch, sie daran zu hindern, meinen Tisch aufzuräumen. Ich bin sicher, dass sie und ich nicht dasselbe unter »ordentlich« verstehen.*

T: *Papi, verstehen du und ich dasselbe unter »ordentlich«?*

V: *Ich bezweifle es, mein Schatz – ich bezweifle es.*

T: *Aber Papi, ist es nicht komisch, dass jeder dasselbe meint, wenn er »durcheinander« sagt, aber alle unter »ordentlich« etwas anderes verstehen? Und »ordentlich«* ist *doch das Gegenteil von »durcheinander«. Oder nicht?*

V: *Jetzt geraten wir langsam an schwierige Fragen. Lass uns noch mal von vorne anfangen. Du hast gefragt: »Warum kommen Sachen immer durcheinander?« Wir haben einen oder zwei Schritte getan – und jetzt wollen wir die Frage abändern in: »Warum kommen Sachen in einen Zustand, den Cathy als ›nicht ordentlich‹ bezeichnet?« Verstehst du, warum ich diese Änderung vornehmen möchte?*

T: … *Ja, ich glaube – denn wenn ich eine besondere Bedeutung für »ordentlich« habe, dann werden mir einige »Ordnun-*

gen« anderer Leute als Durcheinander vorkommen – selbst wenn wir uns über das meiste einig sind, was wir als Durcheinander bezeichnen –[35]

Die beiden stoßen, pädagogisch sensibel geführt vom Vater, einerseits darauf, dass Ordnungen offensichtlich unwahrscheinlicher sind als Unordnung. Darüber hinaus erkennt Bateson im Gespräch mit seiner Tochter, dass es offensichtlich ganz unterschiedliche Kategorisierungen für Ordnung gibt, die aus der Warte eines anderen als Unordnung oder wenigstens als andere Ordnung erscheinen. Kant wird gerne ein übertrieben ordentliches Leben nach strengen Regeln nachgesagt – was, wie wir inzwischen wissen, wohl nicht stimmt. Er war von großer Geselligkeit und lud viele Gesprächspartner zu sich ein. Aber er hatte keine Kinder. Und wer Kinder hat, stößt unweigerlich auf unterschiedliche Ordnungslogiken. Hier ist Bateson mit Cathy eindeutig im Vorteil.

Das Gespräch zwischen Vater und Tochter geht weiter und stößt nun nicht nur darauf, dass es unterschiedliche Ordnungen und Ordnungsvorstellungen gibt, es also beobachterabhängig ist, ob etwas als Ordnung betrachtet wird und wie eine Ordnung beschaffen ist oder sein soll. Die beiden stoßen auch auf die Frage, wie Ordnungen überhaupt zustande kommen, wenn es doch unterschiedliche Ordnungen geben kann. Als Beispiel fällt dem Vater ein Filmtrailer ein – im Kino hätten er und Cathy gesehen, wie ein Buchstabensalat durchgeschüttelt wurde, bis sich einige Buchstaben zu dem Wort DONALD gruppiert haben. Aus einer komplexen, ungeordneten Menge von Elementen wurde durch Irritation und Bewegung eine geordnete Menge, die ein sinnhaftes Wort ergab. Es stellte sich nun die Frage, wie man eine solche ungeordnete Menge dazu bekommt, eine Ordnung zu generieren. Die Antwort: indem eine unter vielen möglichen Auswahlen getroffen wird. Da es aber sehr viele Kombinationsmöglichkeiten gibt und es höchst unwahrscheinlich ist, dass ausgerechnet DONALD dabei herauskommt, müssen die Filmleute einen Trick anwenden, um das demonstrieren zu können. Wir hören noch einmal in das Gespräch hinein:

V: *Und dann schüttelt irgendwas die Bildebene, so dass sich die Buchstaben zu bewegen anfangen, und das Schütteln geht so lange weiter, bis sich alle Buchstaben zusammenfinden und den Titel des Films ergeben.*

T: *Ja, das habe ich schon gesehen – dabei kam DONALD raus.*

V: *Darauf kommt es nicht so sehr an. Wichtig ist, dass du gesehen hast, wie etwas geschüttelt und aufgestört wurde, und anstatt noch mehr vermischt zu werden als vorher, fanden sich die Buchstaben zu einer Ordnung zusammen, alle in der richtigen Stellung, und ergaben ein Wort – sie bildeten etwas, das eine Menge Leute für* Sinn *halten würden.*

T: *Ja, Papi, aber weißt du …*

V: Nein, ich weiß nicht; ich versuche nur zu sagen, dass in der wirklichen Welt nie so etwas passiert. Das gibt es nur im Kino.

T: *Aber Papi …*

V: *Warte noch einen Augenblick, lass mich diesmal ausreden. Und im Kino lassen sie es so erscheinen, indem sie das Ganze rückwärts drehen. Sie reihen die Buchstaben so auf, dass sie DONALD ergeben, dann setzen sie die Kamera in Gang, und dann fangen sie an, die Bildebene zu schütteln.*

T: *Oh Papi – das wusste ich, und ich wollte* dir *dasselbe erzählen –; und wenn sie dann den Film spielen, lassen sie ihn rückwärts laufen, damit es aussieht, als sei alles vorwärts passiert. Aber in Wirklichkeit passierte das Schütteln rückwärts. Und sie müssen es verkehrt rum fotografieren …* Warum *machen sie das Papi?*

V: *Oh Gott.*[36]

Was Bateson seiner Tochter und Cathy ihrem Vater sagen möchte: Ordnung ist unwahrscheinlich und letztlich nur aus sich selbst heraus erklärbar, nicht aus der Gesamtmenge aller Möglichkeiten. Deshalb kann man Ordnung nicht vorwärts, sondern nur rückwärts verstehen. Wir kennen das aus komplexen technischen Unfällen. Es könnte passieren, dass ein Verkehrsflugzeug abstürzt, weil aufgrund einer fehlerhaften Sicherung in der Kaffeemaschine die Bordküche Feuer fängt und dieses Feuer auf systemrelevante Komponenten des Flugzeugs übergreift und es zum Absturz bringt. Wäre aber zuvor die fehlerhafte Sicherung aufgefallen, hätte man daraus nicht auf den künftigen Absturz schließen können.

Wahrscheinlich werden die Aufsichtsbehörden nun alles daransetzen, dass alle Verkehrsflugzeuge ab sofort vor dem Start daraufhin geprüft werden, ob die Sicherungen der Kaffeemaschinen in Ordnung sind – bis das nächste Flugzeug aus einem anderen Grund abstürzt. Wahrscheinlich ist es sogar Unsinn, sich zu lange mit dieser Sicherung zu beschäftigen, weil es sehr unwahrscheinlich ist, dass eine mit dem Rest des Flugzeugs so lose gekoppelte Ursache das ganze Flugzeug zerstört – ähnlich unwahrscheinlich, wie es für die Filmleute gewesen wäre, so lange an den Buchstaben zu rütteln, bis DONALD erscheint. Das geht nur rückwärts, nicht vorwärts – und gilt nicht nur für technische Systemunfälle.

Wenn es stimmt, dass die Weltfinanzkrise ihren Ausgangspunkt in der US-amerikanischen Immobilienkreditwirtschaft hatte, konnte man dies den damaligen eher unspektakulären Transaktionen nicht entnehmen. Und genauso wenig gilt, dass man künftige Finanzkrisen verhindern können wird, wenn man amerikanischen Immobilienfinanzierern genauer auf die Finger schaut (was übrigens nicht heißt, dass man das nicht tun sollte). Und es gilt auch biografisch. Der dänische Philosoph Sören Kierkegaard schrieb in seinen Tagebüchern 1843, das Leben könne, wie die Philosophen immer schon wüssten, nur rückwärts verstanden werden, aber es müsse vorwärts gelebt werden. Dieser Satz, der in kaum einer launigen biografischen Rede fehlt, hat es in sich. Das mit der Vergangenheit ist plausibel, aber dass es auch zugleich bedeutet, dass es kein Verstehen im Vorwärtsgang geben kann, oder besser: dass uns nur die Unterscheidungen zur Verfügung stehen, die uns aus der Vergangenheit bekannt sind, die aber für die Zukunft kaum taugen, ist das Entscheidende.

Es kommt also, darauf will auch Bateson hinaus, darauf an, was einen Unterschied macht. Wer im Nachhinein erklärt, sieht die Sicherung der Kaffeemaschine, die einen Unterschied gemacht hat, sieht kleine Immobilienfinanzierer, die einen Unterschied gemacht haben, sieht frühere Erfahrungen, die einen Unterschied machen – und schon entsteht die Welt, in der wir eine Ordnung deswegen sehen, weil wir sie so sehen und weil wir uns an sie gewöhnt haben. Ordnung ist das Ergebnis unseres eigenen Blicks – aber sie ist nicht beliebig, weil der Blick genau die Form ist, in der wir sie sehen. Wir sind immer schon drin in der Welt, deshalb können wir nie anfangen.

Irgendwie bildet sich die Komplexität der Welt in so etwas Ähnlichem wie dem Schütteln von Möglichkeiten ab, aus denen dann DONALD wird – aber vorführen kann man das nicht, weil wir ja immer schon drin sind und weil uns aus der Perspektive der Ordnung gar nicht sichtbar wird, wie unwahrscheinlich diese Ordnung ist – denn wir leben ja in ihr. Und halten sie manchmal sogar für notwendig. Was sollen wir auch sonst tun, als Sicherungen auszuwechseln, wenn wegen einer Sicherung ein Flugzeug abstürzt? Wir leben immer schon in den Unterscheidungen, in denen wir leben. Und deshalb gibt es Ordnung nur im Durcheinander.[37]

Das Problem ist nur: Unter performativen Gesichtspunkten ist dies einfach nicht erzählbar, schon weil es exakt das ausschließt, was Erzählungen üblicherweise brauchen: eine wenigstens imaginierte Pointe, eine Lösung, einen Hebel, von dem her sich die Erzählung entfaltet. Übrigens: Erzählungen und Beschreibungen werden so ähnlich gemacht wie das DONALD-Bild. Die Textförmigkeit der Beschreibung, die auf eine Pointe hinauslaufen muss, erfordert es, rückwärts zu schreiben, damit man vorwärts lesen kann. Nimmt man hilfsweise noch einmal meine Beschreibungstypen mit den Unterscheidungsmerkmalen *rechts*, *konservativ* und *links* ernst, so wird deutlich, dass solche Beschreibungen die Unordnung, von der her sie ihre Aussage beziehen, von der nachträglichen Ordnung abhängig machen müssen, damit die Geschichte aufgeht. Wir können nicht so tun, als gäbe es Beschreibungen außerhalb von Beschreibungen, ja, als gäbe es das Beschriebene ohne die Beschreibung. Texte und Erzählungen folgen noch mehr als die mündliche Rede, die ja *post eventum* einfach verschwindet, dem Zugzwang, auf etwas hinauslaufen zu müssen. Zeitdiagnosen und Selbstbeschreibungen der Gesellschaft hängen auch von den Lesegewohnheiten ihrer Publika ab – hier wird nun deutlich, dass sie vor allem von der Art von Unordnung abhängig sind, die in den jeweiligen Publika herrschen. Der jeweilige beschreibungsspezifische DONALD erzeugt erst jene Unordnung, die auf *rechte* Homogenitätsfantasien, auf *konservative* Einsichtsfähigkeit und *linke* Umbauerwartungen hinausläuft – insofern gibt es tatsächlich unterschiedliche Formen der Unordnung, die aber eben nicht ordentlich beschreibbar sind.

Eine die Komplexität betonende Beschreibung dagegen muss entweder auf eine andere Ordnungsvorstellung setzen – oder aber die Ordnung in der Unordnung entdecken, woraus sich dann selbstverständlich dieselben Zugzwänge ergeben. Auch Komplexität lässt sich nicht außerhalb der Beschreibung beschreiben, und insofern gilt alles, was ich über den Zusammenhang zwischen Diagnose und Leseerwartung gesagt habe, auch für dieses Buch. Und doch kommt hier das Buch selbst eher noch einmal im Buch vor, weil es sich eben mit der Frage der Beschreibbarkeit von Komplexität beschäftigt, und zwar nicht im sozialwissenschaftlichen, logischen oder mathematischen Sinne, sondern im Hinblick auf eine Diagnose der Gesellschaft, die außerhalb der Wissenschaft gelesen werden könnte. Denn die

Selbstreferenzialität von Ordnungen ist ja auch nur eine Technik des Umgangs mit Komplexität. Man muss sich dann damit zufriedengeben, dass in einer Gesellschaft, in der es unterschiedliche Formen von Ordnung und Unordnung nebeneinander gibt, die wechselseitige Indifferenz auch eine Lösung sein kann – so wie es sich mit der Unterscheidung religiöser, wissenschaftlicher und rechtlicher Ordnungen verhält, wie ich es am Beispiel von Galileo Galileis *Dialogo* beschrieben habe.

Optionssteigerungen

Eine moderne, komplexe Gesellschaft löst ihre Komplexitätsprobleme unter anderem dadurch, dass sie auf eine zentrale Instanz mit einer internen oder externen Stoppregel für das Operieren unterschiedlicher Logiken verzichten kann. Was Papst Urban dazu bewogen hat, nicht mehr *gegen* den *Dialogo* vorzugehen, sondern die Schnittstelle zu entdramatisieren, ist diese Reaktion des Verzichts auf eine zentrale Instanz. Diese Funktionsstelle ist in der modernen, komplexen Gesellschaft nicht besetzt – auch wenn die meisten Diagnosen es gerne so hätten: die von *rechts* als die Gemeinsamkeit und die Kohäsion eines homogenen Volkes, die *bürgerlich-konservative* als Einsicht in den Verzicht und die Vernunft des Einzelnen, die von *links* als die Imagination eines Prinzips der Gesellschaft, das sich zu einer zentralen Umbaustrategie eignet. All dies sind *politisierte* Beschreibungen, die so tun, als könne man Strategien für kollektives Handeln beziehungsweise für kollektive Wirkungen als Programm formulieren und dabei die Erreichbarkeit der Gesellschaft durch zentrale Eingriffe überschätzen. Denn der enorme Erfolg der modernen komplexen Gesellschaft besteht gerade darin, dass sich Dependenzunterbrechungen zwischen den unterschiedlichen Logiken etabliert haben. Im Bild der *verteilten Intelligenz* bedeutet das: Die einzelnen Logiken und Funktionen werden voneinander unabhängig gemacht und orientieren sich zunehmend an sich selbst.

Die Interdependenzunterbrechung zwischen den unterschiedlichen Logiken, Intelligenzen – soziologisch genauer würde man sagen: Funktionssystemen – ermöglicht erst jenen unwahrscheinlichen Komplexitätsaufbau und jene weltgeschichtlich völlig neue Dynamik, die die Moderne ausgezeichnet hat. Das hat es den Funktionssystemen ermöglicht, sich sprunghaft zu entwickeln:

- Man denke an den sogenannten *wissenschaftlichen* Fortschritt, der ja zunächst einmal nichts anderes ist als die immer schnellere Selbstkorrektur von wissenschaftlichen Wahrheiten, ohne dass die Frage, was man außerhalb der Wissenschaft mit solchen Erkenntnissen anfangen kann und soll und welche praktischen Konsequenzen Ergebnisse und Erkenntnisse haben, automatisch im Vordergrund des Erkenntnisprozesses stehen müsste.
- Man denke an die Fähigkeit der *Politik*, alles zum Gegenstand politischer Entscheidungsmöglichkeiten zu machen und die Logik des politischen Handelns am politischen Erfolg festzumachen, nicht an der Regulierbarkeit der politisch zu lösenden Probleme. Politisch erfolgreich ist dann das, was sich in *politischer* Münze auszahlen lässt, also in Form von Machterhalt, (Wieder-)Wahl oder Massenloyalität – Programme, Inhalte und Konsistenzanforderungen bleiben dem untergeordnet.

- Man denke an die exorbitanten Möglichkeiten der *Kunst*, die *imitatio*-Tradition der Welt dadurch zu überbieten, dass auf eine Vorlage bei der Verdoppelung von Realitäten in Bildern, Texten, Skulpturen oder szenischen Darstellungen verzichtet werden kann, sodass entweder völlig Ungegenständliches Gegenstände ausdrücken oder alles zum künstlerischen Objekt erklärt werden kann. Jedenfalls macht sich Kunst von ihrer Verstehbarkeit unabhängig, vielleicht ist sogar der Verzicht auf klare Verstehbarkeit eines der Erfolgskriterien gelungenen künstlerischen Ausdrucks geworden.
- Man denke an die nahezu flächendeckende Möglichkeit des *Rechtssystems*, einerseits Erwartungssicherheit durch Normen, andererseits Konfliktmöglichkeiten durch die Externalisierung von Entscheidungen an entsprechende Instanzen zu etablieren. In der Konsequenz wird dic Rechtspraxis weitgehend unabhängig davon, *was* sie rechtlich reguliert. Eine Sensibilität für Verfahren und ihre Einhaltung werden zum eigentlichen Medium der Rechtspraxis, mit einer Unsensibilität für das Regulierte in der Folge.
- Man denke an die *Massenmedien*, die tatsächlich alles melden können, sofern es als Meldung taugt, also mit Neuigkeitswert im Hinblick auf eine unterstellte Klientel ausgestattet ist.
- Man denke vor allem an die Ökonomie, an der wohl am deutlichsten wird, wie sich ihre Logik, nämlich durch knappen Einsatz von Mitteln eine möglichst große Wirkung zu erzielen, völlig unabhängig davon macht, *was* dort gehandelt, produziert oder geleistet wird, sondern nur noch berücksichtigt, *wie* das geschieht. Die Erfolgsbedingung des Ökonomischen ist nicht das beste Produkt, nicht die über-

zeugendste Dienstleistung, nicht die Regulierung von Knappheitsproblemen für Grundgesamtheiten, sondern schlicht die Herstellung oder Sicherung eigener Zahlungsfähigkeit.

Diese Aufzählung ist sehr holzschnittartig, und sie ist allzu formal gehalten, da es zum Beispiel durchaus ökonomisch Handelnde gibt, die wirklich am besten Produkt interessiert sind und so lange tüfteln, bis sie selbst zufrieden sind; da es politisch Handelnde gibt, denen es wirklich um etwas geht, um eine gute Lösung für diejenigen, für die sie die Stimme erheben; da es Wissenschaftler gibt, denen es ganz explizit auf eine gute und segensreiche Anwendbarkeit ihrer Ergebnisse geht; da es in der Rechtspraxis oft um eine ganz explizite Form von Gerechtigkeit geht; und da es in der Kunst sehr wohl um das Motiv der Verständlichkeit und Erreichbarkeit geht. All das gilt unbedingt – und die Welt ist voll von Leuten, denen es wirklich um etwas geht, die keineswegs zynisch einer abstrakten Logik folgen.

Und doch werden all diese besten Motive und moralischen *impetus*, die Visionen gelungener Lösungen und authentisch gesuchter Lösungen konterkariert. Es ist die merkwürdige Verselbständigung dieser Logiken und Intelligenzen, hinter die man nicht wirklich zurücktreten kann. Welche Motive ökonomisch verfolgt werden, ist von den Erfolgsbedingungen des Ökonomischen abhängig; wer politisch etwas erreichen will, muss Mehrheits- von Wahrheitsfragen unterscheiden, also Fragen der Möglichkeit für kollektiv bindende Entscheidungen von Fragen der wissenschaftlichen Plausibilität unterscheiden, aber auch von Rechts-, Glaubens- oder von Schönheitsfragen usw. Diese Logiken haben einen geradezu *brutalen* Zugzwang, das heißt, sie entlassen nichts, was geschieht, aus ihrem Zugriff, ökonomisch oder politisch, rechtlich oder ästhetisch, religiös oder wissenschaftlich. Wahrscheinlich ist dies der Grund dafür, dass sich moderne Gesellschaften meist als krisenhaft erleben, eben weil sie nicht in der Lage sind, die unterschiedlichen Logiken miteinander zu koordinieren, auch wenn wir das stets und alltäglich versuchen müssen.

Es geht hier um Komplexität – die Komplexität der modernen Gesellschaft ist explizit dadurch geprägt, dass sie zwischen diesen unterschiedlichen Logiken Unterbrechungen einbaut und sie dazu bringt, sich vor allem an sich selbst scharf zu stellen. Das macht es so schwer und fast unmöglich, *direktiv* in die Dynamik der Gesellschaft einzuwirken, weil diese auf solche Einwirkungen stets und immer wieder mit den Mitteln der unterschiedlichen, im Sinne *verteilter Intelligenz* strukturierten Möglichkeiten reagiert. Um die Gesellschaft wirklich zu verändern, also geplant in sie hineinzuwirken, ist es kaum möglich, die unterschiedlichen Logiken zu koordinieren – denn wo sollte der Ort sein, von dem her man das bewerkstelligen sollte? Manche hoffen auf die Politik, andere auf den Markt oder die Wissenschaft, manche gar auf Religion. Aber all das kann dann nur politisch, ökonomisch, wissenschaftlich oder religiös erfolgen, selbst wenn sich die Leute zu solcher Koordination verabreden würden.

Doch die Komplexität der Gesellschaft liegt nicht nur darin, dass die unterschiedlichen Logiken nicht koordiniert werden können. Es wird vor allem eine *operative* Unterbrechung eingebaut, und zwar in dem Sinne, dass es keine Stoppregeln mehr gibt, die die Dynamik der einzelnen Logiken einschränken könnten. Wir stellen uns eine wohlgeordnete Gesellschaft üblicherweise so vor, dass die unterschiedlichen Logiken, Interessen, Intelligenzen und Problemlösungskompetenzen irgendwie kooperativ aufeinander bezogen sind, dass diese also dadurch integriert werden, dass sie im Sinne einer Arbeitsteilung Rücksicht aufeinander nehmen, sich zugunsten des Ganzen einschränken könnten. Genau das aber scheint immer weniger vorausgesetzt werden zu können.

Schon am *Dialogo*-Beispiel kann man sehen, dass die unterschiedlichen Perspektiven sich fast nur noch auf sich selbst beziehen und ihre Optionen in sich selbst in ihrem jeweiligen Eigensinn finden. Die religiöse Perspektive muss sich vielleicht noch am ehesten auf die anderen Logiken einlassen. Sie kann die Naturbeobachtung nicht ignorieren, aber auch nicht übernehmen und reagiert mit einem Verzicht auf die Koordination von Glaubens- und Wahrheitsfragen, bleibt dabei aber defensiv, weil ihr die alten Machtmittel nun nicht mehr zur Verfügung stehen. Die Seite der Naturbeobachtung aber steigert die eigenen Möglichkeiten dadurch, dass sie ihre Optionen nun ausschließlich aus sich selbst heraus entwickelt, und man kann dem Recht inzwischen sogar dadurch Genüge tun, dass man ganz offenkundig etwas äußerlich Regelkonformes völlig unabhängig von *inneren* Überzeugungen tut. Das Recht steigert seine Optionen dadurch, dass es sich mit Außenleitung zufriedengibt – und setzt Galilei in die Lage, den Papst rechtskonform zu demütigen, indem er *Simplicius* sprechen lässt. Die Perspektiven und Logiken verlieren letztlich ihre Orientierung am Ganzen, gewinnen aber zugleich eine Autonomie, die sie sogar für sich selbst unkontrollierbar macht.

Im europäischen, vor allem deutschsprachigen Raum ist etwa die Reformation eine solche Reaktion des Religiösen, sich weniger katholisch damit zufriedenzugeben, feststehenden Ritualen und formelhaften Bekenntnissen folgen zu können, sondern wirklich innerlich zu meinen, was äußerlich sichtbar bekannt wird. Nicht umsonst war das Katholische stets sehr rechtsnah gebaut – Rituale und Verfahren sind sich recht ähnlich und verhindern eine allzu starke Steigerung des religiösen Eifers, weil Verhalten wichtiger ist als eine diskursfähige Überzeugung. Das Protestantische dagegen, wenigstens in seiner lutherischen Variante, setzt auf die *Freiheit des Christenmenschen* und verlangt nun diskursfähige Bekenntnisse und steigert damit die religiösen Optionen (um sie dann wieder *vernünftig* einzuschränken). Das Protestantische ist nur deshalb möglich, weil es andere Logiken neben sich anerkennen muss und so Raum lässt für eine letztlich unkontrollierbare Innerlichkeit, die dann aber umso mehr kontrolliert werden muss.

Galilei hat mit seiner ironischen Demonstration, *Simplicius* die Auflage erfüllen zu lassen, eine sehr katholische Variante gewählt, die freilich nur deshalb möglich wurde, weil sich die Logiken voneinander entfernt haben. Ich will das hier gar nicht weiterverfolgen, sondern auf etwas anderes hinaus: Die drei Logiken können sich wechselseitig nicht mehr kontrollieren, weil sie die Erfolgsbedingungen ihrer selbst nur noch in sich selbst finden und damit ihre eigenen Optionen radikal steigern. Einfach ausgedrückt: Sie müssen sich immer weniger um die anderen Logiken kümmern und können deshalb hypertroph wachsen. Ich habe das mehrfach als das Problem der *Optionssteigerung* bezeichnet.[38]

Wieder am Streit um den *Dialogo* verdeutlicht: Die Trennung der unterschiedlichen Logiken löst ein Komplexitätsproblem, nämlich das Problem, dass die Dinge gleichzeitig unterschiedliche Bedeutungen haben können, dass sich ausschließende Logiken gleichzeitig operieren, dass es unterschiedliche Formen von Ordnung gibt, die nicht mehr innerhalb eines Bezugsrahmens verarbeitet werden können. Zugleich aber erzeugt diese Lösung auch wieder ein Problem, nämlich das Problem, dass durch die Steigerung der jeweiligen Optionen neue Komplexitätsprobleme auftreten. Die Koordination der unterschiedlichen Logiken und Intelligenzen wird immer unwahrscheinlicher, je mehr sie sich auf sich selbst beziehen. Das macht die Gesellschaft tatsächlich unbeschreibbar – in dem Sinne, dass über sie immer mehrere Geschichten gleichzeitig erzählt werden können, will man nicht dem Fantasma einer koordinierenden Einheit unterliegen.

Was heißt nun Optionssteigerung? Es reichen schon wenige Hinweise auf Grunderfahrungen der modernen Gesellschaft, um diese Frage zu beantworten:

- *Wissenschaft* kann wissenschaftliche Erkenntnisse nicht vermeiden oder aktiv vergessen, deshalb wird man weder die Kernspaltung noch die Soziologie wieder los. Wissenschaftliche Optionssteigerungen sorgen erst für die Lösung von Problemen, die man ohne die Wissenschaften gar nicht hätte. Die Enttäuschung darüber, dass Wissenschaft nur selten oder wenigstens nicht immer die Probleme »der Gesellschaft« löst, liegt exakt daran, dass die Erfolgsbedingung des Wissenschaftlichen das Wissenschaftliche selbst wird. Die Rede von der »wissenschaftlich-technischen Zivilisation« konnte deshalb zur Krisendiagnose werden, und Kulturkritik kam oft in Form von Wissenschaftskritik daher – etwa im Sinne der Lebensferne der Wissenschaft oder als Kritik an bestimmten Entdeckungen, etwa der Kernspaltung.
- *Medizinischer Fortschritt* führt zu medizinischen Optionssteigerungen, die im Kontakt mit medizinischen Nachfragern

kaum mehr auf Verständnis, geschweige denn auf eingelebte Rituale treffen, man denke nur an den gesamten Fragenkomplex der Intensivmedizin oder der Todeszeitbestimmung zwecks Organtransplantation, auch an die Frage, wie sich medizinischer Erfolg etwa der Lebensverlängerung um jeden Preis und Lebensqualität zueinander verhalten.

- *Künstlerische* Optionssteigerungen führen dazu, Sehgewohnheiten so sehr zu revolutionieren, dass künstlerische Innovationen während des 20. Jahrhunderts auf immer mehr Unverständnis bei denen stießen, die nicht im engeren Sinne an den Spezialdiskursen teilgenommen haben.
- *Sportliche* Optionssteigerungen führen inzwischen zu der Frage, ob sportliche Leistungsmöglichkeiten sich an den Grenzen des körperlich Möglichen zu orientieren haben oder ob körperliches Enhancement, das über körpereigene Trainingsmöglichkeiten und klassisches Doping hinausgeht, die Grenzen des Sportlichen erweitert.
- *Massenmedien* haben es spätestens mit der Erfindung der Tageszeitung und dann des Radios ermöglicht, soziale Räume zu synchronisieren, die sich als Nationen oder ähnliche kollektive Identitäten ausgeben konnten. Mediale Optionssteigerungen freilich synchronisieren nicht mehr Vorhandenes, sondern erzeugen nun selbst ihrerseits einen Bedarf an kurzen Reaktionszeiten, die im Bereich des Politischen zu einem radikalen Zeitverlust im Hinblick auf Meinungsbildungsprozesse und im Bereich des Ökonomischen zu sehr schnellen Reaktionen auf wechselnde Stimmungen geführt haben.
- *Ökonomische Prozesse* haben sich teilweise völlig vom Warenverkehr und von der Warenproduktion abgekoppelt und greifen auf Optionen eines geradezu virtuellen Geldverkehrs zu,

der sich von wirtschaftlichen Bedürfnissen ganzer Volkswirtschaften abgekoppelt hat. Die Enttäuschung besteht dann unter anderem darin, dass (volks)wirtschaftliche Potenz keineswegs automatisch dazu führt, dass ganze Bevölkerungen mit Gütern versorgt werden oder Verteilungsfragen weniger konflikthaft werden. Im Gegenteil: (Wenigstens kurzfristigen) ökonomischen Erfolg kann man sich sogar mit der Verschärfung von Verteilungsfragen und mit Versorgungsengpässen »kaufen«.

- Die *technische Entwicklung* greift auf Optionen zu, die ihrerseits nicht mehr rational zu beherrschen sind, weil sie so komplexe Zeit- und Sachdispositionen auflaufen lassen, dass weder Zeit noch Kenntnis für Entscheidungen bleibt. Technische Optionssteigerungen erfordern also wiederum technische Optionssteigerungen, weil komplexe Techniken sich nur noch technisch kontrollieren und moderieren lassen. Inzwischen erzeugt Technik selbst Schnittstellen, die den bedienenden Menschen suggerieren, dass sie mit klassischen mechanischen oder kausalen Wirkkräften hantieren – man denke etwa an die Simulation von mechanischem Widerstand bei der Bedienung von Flugzeugen oder an Benutzeroberflächen am Computer, die aussehen wie Schalter aus der Frühzeit der Steuerungstechnik. Von den Folgen der Optionssteigerung digitaler Techniken sei hier noch gar nicht die Rede – darauf komme ich im nächsten Kapitel zurück.
- *Politik* kann sich letztlich zu keinem Thema enthalten, in dem Macht erworben, gesichert oder verloren werden könnte, wovon die Diktaturen des 20. Jahrhunderts erheblichen Gebrauch gemacht haben.

Diese eher negativ besetzte Beschreibung soll nicht die Leistungsfähigkeit verdecken, die vor allem aus der Interdependenzunterbrechung der unterschiedlichen Bereiche resultiert. Medizinischer Fortschritt ist nur möglich, weil sich Medizin an sich selbst orientieren kann, die wissenschaftliche Leistungsfähigkeit der Moderne liegt daran, dass wissenschaftliche Kriterien sich selbstreferenziell entwickeln, und die Demokratie ist nur möglich, weil Politik nicht alles regulieren kann. Diese Leistungsfähigkeit erkauft sich die gesellschaftliche Moderne aber, wie gezeigt, durch die Schnittstellenprobleme verteilter Intelligenz.

Die Quintessenz meiner These lautet also: *Die Differenzierung, das Auseinandertreten unterschiedlicher Logiken und Funktionen hat nicht nur die internen Komplexitätsmöglichkeiten erheblich erhöht, sondern auch die Unwahrscheinlichkeit der wechselseitigen Kontrolle der unterschiedlichen Logiken untereinander. Es scheint weder externe noch interne Kriterien und Instanzen zu geben, die ihre Operationen limitieren könnten, die also ein Maß zur Selbstbeschränkung, zum Verzicht auf Optionen ausbilden oder letztlich zu völliger Transparenz der eigenen Logik führen könnten.*

Wachstum

Viele Kritiker der Gesellschaft, sowohl mit ökonomischem als auch mit ökologischem Schwerpunkt, setzen an der Wachstumslogik an. Und in der Tat kann man die Augen kaum davor verschließen, dass sich zumindest die ökonomische Logik mit der Selbstverständlichkeit einer Wachstumsorientierung abgefunden hat. Wachstum sei das Elixier, an dem wirtschaftliche

Krisen gesunden könnten, und nur Wachstum könne Wohlstand und Stabilität sichern, bei allen Kosten, die dies verursacht. Und selbst ökologische Kritik verschreibt heute bisweilen dieses Elixier, so etwa Ralf Fücks, der eine Wachstumspolitik auf dem Gebiet ökologischer Techniken empfiehlt – also Wachstum als Lösung, aber dann auf der Seite der richtigen Technologien.[39] Ich möchte mich nun nicht an den volkswirtschaftlichen Diskursen beteiligen, ob es eine dynamische Wirtschaft ohne Wachstum geben kann, und zwar nicht nur deshalb nicht, weil mir dafür womöglich der Sachverstand fehlt, sondern auch, weil schon ein soziologisches Argument ausreicht: Es ist gerade die Optionssteigerung des Ökonomischen, die dazu führt, dass die ausschließliche Konzentration des Ökonomischen auf sich selbst und seine Erfolgsbedingungen Wachstumsorientierungen logisch nahelegt – selbst womöglich gegen die Intentionen von Akteuren. Wachstumskritische Perspektiven müssten eben in der Lage sein, die Unterbrechung zwischen den Logiken aufzuheben, aber genau dagegen wendet sich die evolutionäre Folge der *verteilten Intelligenz* oder der *Differenzierung der Gesellschaft*, die sich auf Kosten ihrer eigenen Erreichbarkeit gegen solche Mechanismen immunisiert. Wie dies strukturell eine eher linke, eine eher rechte und eine eher konservative Strategie imaginieren, muss ich nicht wiederholen, denn auch die ökonomischen Perspektiven auf dieses Problem arbeiten in denselben Chiffren. Insbesondere haben sie mit dem Problem zu kämpfen, dass die Forderung nach »Mäßigung«[40] als ökonomische Lösung eben ein ganz und gar unökonomisches Prinzip ist, wenigstens ein individual- oder betriebswirtschaftlich unökonomisches, selbst wenn es volkswirtschaftlich vernünftig wäre.

Besonders dankbar muss man Niko Paech sein, der die Bedingungen einer Postwachstumsökonomie in aller ungeschützten Deutlichkeit darlegt. Paech wirbt für eine »Beseitigung jeglicher Ursachen für Wachstumsabhängigkeiten und -zwänge« – man mag sich gar nicht recht vorstellen, wie man für eine solche »Beseitigung« sorgen soll, die Semantik jedenfalls zeugt von einer Kombination linker Umbaufantasien und konservativer Einsicht in Mäßigung. Der Katalog des zu Beseitigenden umfasst:

- »die Innovationsorientierung moderner Marktwirtschaften,
- das gegenwärtige Geld- und Zinssystem,
- maßlose Gewinnerwartungen,
- die bisherigen Privilegien beim Zugang zu Land, Ressourcen und zur Atmosphäre,
- die Entpersonalisierung und Anonymisierung der Unternehmen einschließlich der Beschränkungen der Haftung,
- das auf globaler Arbeitsteilung beruhende Modell der Fremdversorgung und schließlich
- eine Kultur der bedingungslosen Steigerung materieller Selbstverwirklichungsansprüche.«[41]

So logisch all diese Forderungen sind – sie atmen einen autoritären Geist im Gewande eines Erlösungsversprechens: eine gefährliche Mixtur! Im besten Falle rechnen solche autoritären Fantasien nur nicht damit, dass man nicht bei einem Nullpunkt beginnen kann, aber das ist wohl eine allzu entgegenkommende Lesart. Solche Theorien sind maßlos naiv darin, die Eigenkomplexität einer differenzierten Gesellschaft zu unterschätzen, die sich eben nicht dem Imperativ wohlfeiler Forderungen nach einem völligen Neuarrangement fügt.

Was man aus der Diagnose der Optionssteigerung freilich lernen kann, ist dies: Die Logik des Wachstums ist keineswegs nur eine ökonomische Logik, denn letztlich streben gerade aufgrund der Verteilung von Intelligenz und aufgrund des dadurch bedingten strukturellen Fehlens von Stoppregeln nicht nur ökonomische, sondern auch andere Orientierungen stets nach Wachstum, Verbesserung und Optimierung – das gilt für wissenschaftliche Innovationen, sportliche Leistungsverdichtung, Erlebnissteigerung, Gesundheitsoptimierung, sogar Lebensverlängerung usw. Exakt daraus resultiert jene Beschleunigungserfahrung, die derzeit als eine der eingängigsten Zeitdiagnosen funktioniert, am deutlichsten wohl von meinem Jenaer Kollegen Hartmut Rosa öffentlichkeitswirksam vertreten, der nicht müde wird, nach Stoppregeln zu suchen, also danach, wie sich die innere Logik der Steigerung durchbrechen lässt.[42]

Genau besehen ist die Welt freilich voller Versuche, Stoppregeln einzuführen, insbesondere an den Schnittstellen der unterschiedlichen Logiken und Intelligenzen. So setzt man auf rechtliche Regulierung medizinischer oder politischer Praxis oder auf die wissenschaftliche Aufklärung von Bildungsprozessen. Der Klassiker ist natürlich die politische Regulierung ökonomischer Dynamik, also Wirtschaftspolitik. Letztlich vermögen diese Logiken freilich kaum etwas anderes als den Versuch wechselseitiger Irritationen. Es geht um Störmanöver. Kann man das ökonomische System politisch so stören, dass es dort zu gewünschten Effekten kommt? Kann man durch ökonomische Entscheidungen politische Akteure zu bestimmten Handlungen bringen – und damit ist keine Korruption gemeint? Wirtschaftspolitik muss mit der Eigendynamik des Ökonomischen rechnen, kann dabei aber nicht auf Kontrollversuche verzichten, muss womöglich mit unerwünschten Nebenfolgen rechnen usw.

Dies ist das Graubrot unserer täglichen politischen Auseinandersetzungen, ein permanentes *Trial and Error*-Geschehen, das letztlich nicht festzuzurren ist und das Politik so unübersichtlich macht. Dabei ist das Problem der politischen Steuerung des ökonomischen Geschehens nur einer von vielen Fällen, in denen es darum geht, wie eine der Logiken auf die andere zuzugreifen versucht. Will man die Komplexität der modernen Gesellschaft nur ansatzweise auf eine griffige Formel bringen, ist dieser Konflikt zwischen Politik und Ökonomie, nicht der zwischen Kapital und Arbeit, exemplarisch für die Konfliktdynamik unserer Zeit.

Paradigmatisch für die Art und Weise dieses Konflikts ist Wolfgang Streecks 2013 erschienenes, viel beachtetes und auch innerhalb der Sozialwissenschaften vielfach gepriesenes Buch mit dem Titel *Gekaufte Zeit. Die vertagte Krise des demokratischen Kapitalismus.* Streeck kritisiert etwa an der europäischen Integration, sie sei ein neoliberales Projekt, folgend einer Blaupause Friedrich August von Hayeks, der schon Ende der 1930er-Jahre eine übernationale Demokratie an eine möglichst liberale, will heißen wenig interventionistische Wirtschaftspolitik gebunden sah.[43]

Streeck kann sich eine Lösung nur im regulatorischen Rahmen des Nationalstaates mit seinen nur darin möglichen Solidaritätsforderungen vorstellen. Für ihn ist der Nationalstaat der einzige Akteur, der zwischen den Fliehkräften des Ökonomischen und des Politischen vermitteln kann – aber letztlich nicht aus sachlichen Gründen, sondern weil der Nationalstaat fast so etwas wie eine natürliche Grundgesamtheit für Umverteilungszumutungen darstellen kann. Reaktion auf die komplexitätssteigernden Fliehkräfte der Gesellschaft kann für ihn also nur der stabile, regulierende Staat sein, der durch die Internationalisierung politischer Entscheidungen und die Europäisierung der Wirtschaftspolitik sich lediglich Zeit kaufen kann – und zwar an den Finanzmärkten, die den Staaten billiges Geld dafür anbieten, dass sie sich von Integrationskrise zu Integrationskrise retten können. An dieser Diagnose ist sicher etwas dran, zumal die Banken womöglich die letzten wirklichen Sozialisten sind, wenn man darunter den Glauben an die immerwährende Zahlungsfähigkeit von Staaten verstehen will und die Sozialisierung struktureller Kosten der Gesellschaft. Dass hier aber womöglich nicht nur ein ökonomisches Problem der Optionssteigerung vorliegt, sondern auch eines des politischen Systems, das sich die eigenen Legitimationskrisen am Finanzmarkt »schönkauft«, sieht Streeck nicht und muss dann mit der unrealistischen Idee arbeiten, der national integrierte Staat sei dafür gewappnet, die Optionssteigerungen der unterschiedlichen Logiken zu bannen. Entsprechend blind muss er dafür sein, dass auch Staat und Politik sich in einer eigenen Logik gefangen sehen, die etwa in Wahlkämpfen um unterschiedliche Modelle der Krisenbewältigung und Kritik auf die Restriktionen der eigenen Funktion stoßen. Wirklich konsequent zu Ende gedacht, müsste Streeck auch die Demokratie selbst noch einschränken, um jener fragilen Form der Solidaritätszumutung zu entkommen. Wohlgemerkt – das Gegenteil entspräche seinen Intentionen, aber wenn man das Komplexitätsproblem nicht ernst nimmt, dann muss man sich am Ende von Verschwörern umgeben sehen, die dafür sorgen, dass (immer) die *falschen* politischen Entscheidungen aus demokratischen Wahlen resultieren. Wie wir darüber klagen, dass in arabischen Ländern nach dem Arabischen Frühling dummerweise die Falschen gewählt wurden,[44] scheint das nach Streecks Ansicht in Europa auch der Fall zu sein, denn am Ende ist die Verschwörungstheorie eines »neoliberalen Projekts« kaum glaubhaft, hätte doch selbst dies keine Handhabe, die Gesellschaft nach seinem Willen zu steuern.

Interessanterweise wird damit der linke Rekurs auf eine Regulierung der Marktwirtschaft zugunsten sozialer Gerechtigkeit argumentativ mit dem eher rechten Argument der bedingungslosen Zugehörigkeit und Solidarität im Nationalstaat erkauft. Es würde zu weit führen, Streecks Argumentation mit Armin Mohlers Denkungsart gleichzusetzen – aber beider Liberalismuskritik stammt zumindest von feindlichen Brüdern des gleichen Stammes: Mohler hat den Liberalismus vor allem dahin gehend kritisiert, dass er seine Freiheitsgewinne allzu sehr auf Kosten solcher Gemeinschaften mache, die ohne Reflexion und ohne Entscheidung Zugehörigkeit und Solidarität unbedingt erwarten können. Man unterstellt keinem von beiden Ungehöriges, wenn man diese Argumentationen für verwandt hält. Abgesehen davon, dass Streecks Argument wie eine Verschwörungstheorie verkennt, dass die politischen Entscheidungen jener Entwicklungen sehr wohl demokratisch zustande gekommen sind und die Staaten gerade in ihren keynesianischen Strategien sehr von dieser Konstellation profitiert haben,[45] war es insbesondere Jürgen Habermas, der Streecks letztlich nationalstaatszentrierte Gedankenführung stark kritisiert hat – nur um dann seinerseits die solidaritätsstiftende Funktion einer europäischen Öffentlichkeit zu überschätzen.[46]

Komplexität als Bezugsproblem

Ich fasse die wesentlichen Elemente von Komplexität hier noch einmal in vier Schritten zusammen.

1. Perspektivendifferenz

Am Beispiel der kopernikanischen Wende und der Etablierung eines heliozentrischen Weltverständnisses habe ich gezeigt, dass Komplexitätssteigerung sich nicht einfach dadurch einstellt, dass Weltbilder komplexer werden. Vielmehr zeigt sich, dass sich die Welt offensichtlich nicht mehr der Chiffrierung durch eine dominierende beziehungsweise eine Leitunterscheidung fügt, sondern unterschiedliche Kategorien sich nebeneinander etablieren, die nicht aufeinander abbildbar sind. Dies hat ein neues Komplexitätsniveau zur Folge, das nicht nur unterschiedliche Perspektiven nebeneinander ermöglicht, sondern sie auch in Konflikt miteinander bringt. Was am Beispiel Galileis gezeigt werden konnte, ist, dass die einzelnen Perspektiven die Situation je nach ihren Maßgaben verarbeiten, was die Gemengelage füreinander unkalkulierbar macht. Es nützt dem Papst dann nicht einmal etwas, Zensurmacht zu haben.

2. Verteilte Intelligenz

Mit der technischen Metapher der *verteilten Intelligenz* habe ich dann gezeigt, wie sich durch die Differenzierung von Logiken diese nicht nur füreinander unabhängig machen, sondern auch ihre je eigenen Möglichkeiten erhöhen. Kosten im Sinne von Reibungsverlusten entstehen dann an den Schnittstellen. Die Metapher der *verteilten Intelligenz* zeigt, dass eine moderne Gesellschaft ihre Komplexität nur bewältigen kann, wenn sie auf eine zentrale Steuerungsinstanz verzichtet. Gerade die Geschichte der gesellschaftlichen Moderne ist voll davon, solche Steuerungsformen geradezu gewaltsam durchsetzen zu wollen, etwa politisch durch die Etablierung fundamentalistischer Formen von Diktaturen, die eine Totalpolitisierung der Gesellschaft angestrebt haben.

Verteilte Intelligenz sorgt also dafür, dass die Gesellschaft in unterschiedliche Regelkreise zerfällt, die je nach ihren eigenen Maßgaben reagieren und so durch Rückkopplungseffekte einen direktiven Zugriff auf die Gesellschaft ausschließen.

3. *Ordnung als Postrationalisierung*

Auch innerhalb der jeweiligen *Intelligenzen* oder Logiken oder Funktionssysteme ist Ordnung alles andere als transparent oder kalkulierbar. Denn gerade dadurch, dass solche Logiken auf äußere Steigerung und Begrenzung verzichten können, erhöht sich ihre interne Dynamik, die von einer merkwürdigen Kombination profitiert. Auf der einen Seite ist die Logik der jeweiligen Intelligenz geradezu brutal simpel. Was immer ökonomisch geschieht, es findet sich der Logik der Herstellung von Zahlungsfähigkeit unterworfen, was immer politisch geschieht, wird durch den einfachen Algorithmus der Macht und ihrer Genese im Machtkreislauf zwischen kollektiver Willensbildung und kollektiv bindenden Entscheidungen eingeschränkt; was immer wissenschaftlich geschieht, muss sich den Formvorschriften von Wahrheitsfragen unterwerfen usw. Auf der anderen Seite können erst auf dem Boden dieser brutal einfachen Codierungen die für die moderne Gesellschaft so charakteristischen Dynamiken entstehen, deren Ordnung sich immer weniger kausalistisch in die Zukunft projizieren lässt, sondern nur im Nachhinein plausibel wird. Exakt das ist es, was ich dann schließlich als Bedingung des Mechanismus der *Optionssteigerung* diskutiert habe.

4. Optionssteigerungen

Optionssteigerungen resultieren aus dem funktionalen Verzicht auf jegliche externe Stoppregel für die einzelnen Funktionen und Logiken. Ihre einzige Stoppregel ist es, innerhalb der eigenen Logik zu operieren, nicht aber eine wechselseitige Kooperation, die man in der Sprache der Soziologie *Integration* nennen würde. Optionssteigerungen finden auf den verschiedensten Gebieten statt, nicht nur auf ökonomischem Gebiet. Der britische Informatiker Stephen Emmott hat dies in seinem Buch *Zehn Milliarden* ästhetisch auf den Begriff gebracht. Er zeigt darin das dramatische Wachstum auf, das für die Entwicklung der Menschheitsgeschichte charakteristisch ist, und unterlegt seine ebenso dramatische Beschreibung mit Hilfe von Diagrammen. Das erste ist ein Diagramm über die Entwicklung der Weltbevölkerung.[47]

Es zeigt, was wir bereits wussten: Die Weltbevölkerung ist über Jahrtausende unmerklich und langsam und erst mit dem Beginn der Moderne in den letzten 200 Jahren sprunghaft gewachsen und wird sich alsbald den zehn Milliarden nähern. Das Buch von Emmott enthält noch andere Diagramme, deren Charme darin besteht, dass sie alle gleich aussehen. Sie folgen demselben Muster: Auf einen langsamen, unmerklichen Anstieg folgt eine sprunghafte Steigerung, und das für die unterschiedlichsten Parameter: CO_2-Konzentration in der Atmosphäre, globaler Temperaturanstieg, globaler Anstieg der Meerestemperatur, Artensterben, Verlust an Regenwäldern, Ausbeutung der

Weltbevölkerung

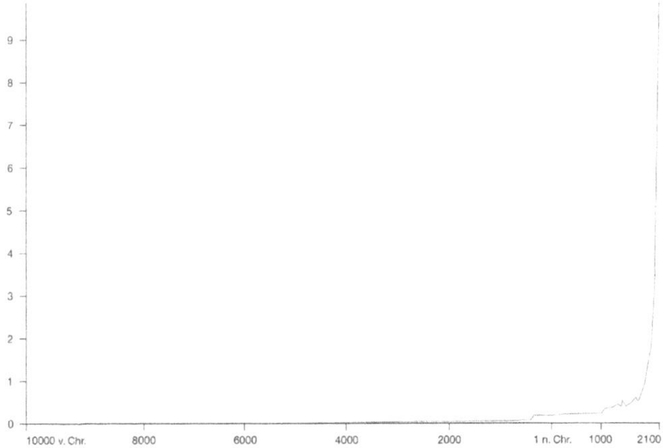

Wachstum der Weltbevölkerung seit 10000 v. Chr., projiziert bis ins Jahr 2100.

Die Darstellung basiert auf: United Nations Department of Economic and Social Affairs, Population Division (Hg.) (2011), World Population Prospects. The 2010 Revision, Band I (New York).

Quelle: Stephen Emmott: *Zehn Milliarden*, Suhrkamp Verlag/Insel Verlag

Meeresfauna, Wasserverbrauch, Kohleverbrauch, Straßenverkehr, Überschwemmungen in Asien, Flächenbrände in Nord- und Südamerika, globale Kohlenstoffemissionen. Die Botschaft ist alarmierend und klar: Wir zerstören durch dieses Wachstum unsere natürlichen Lebensgrundlagen. Das Buch ist wachstumskritisch und mündet in einen Appell an die Einsicht, dass sich etwas Grundlegendes ändern muss.

Das ist nicht überraschend. Was ich an dem Buch wirklich aufregend finde, ist die Ästhetik des Wachstums, das ja anders als typisches ökonomisches Wachstum nicht als summarische Kumulation immer höherer Wachstumsraten zu interpretieren ist, sondern wirklich als ein qualitativer Sprung, wie ich es im Hinblick auf die *strukturelle* Veränderung der modernen Gesellschaft als Optionssteigerung beschrieben habe.

Im Übrigen würden solche Diagramme auch bei eher positiv besetzten Parametern so oder so ähnlich aussehen. Das würde zum Beispiel für medizinische Versorgung gelten, aber auch für die Möglichkeit, über Berufe, Ehepartner, Konfession oder Lebensstile selbst zu entscheiden, oder auch für die Entwicklung von moralischer Empathie über Kultur- und Konfessionsgrenzen hinaus, wie für die Zahl von weltweiten Kommunikationsmöglichkeiten, ebenso für die Überlebensrate bei Geburten oder die Versorgung der Weltbevölkerung mit ausreichender Nahrung – selbst wenn das angesichts der bestehenden Not in vielen Teilen der Welt kaum glaubhaft erscheinen mag. Diese parallele Algorithmisierung der Gesellschaft weltweit, selbstverständlich flankiert von Ungleichzeitigkeiten und erheblichen Ungleichheiten, verweist tatsächlich auf eine strukturelle, revolutionäre Veränderung.

Dass die Entwicklungsdiagramme fast aller Messgrößen identisch sind, ist ein Hinweis darauf, dass Wachstum nicht einfach das Ergebnis einer kontingenten politischen oder ökonomischen Entscheidung ist, sondern letztlich der optionssteigernden Struktur einer modernen Gesellschaft eingeschrieben ist. Deswegen helfen Appelle für weniger Wachstum oder für mehr Koordination, für Mäßigung und mehr Steuerung, für weniger Eigendynamik und mehr staatliche Kontrolle kaum weiter, wenn man nicht der Komplexität der Gesellschaft ansichtig wird, die ja paradoxerweise evolutionär und funktional genau deshalb so geworden ist, um sich solchen Appellen und Zugriffen zu entziehen. Das Wunderbare und das Tragische liegt in dieser Diagnose der gesellschaftlichen Moderne nahe beieinander.

Diese vier Punkte machen es nicht leichter – im Gegenteil: Sie machen es noch schwerer, überhaupt einen Zugriffspunkt zu finden, und sie wirken so, als werde hier eine fatalistische Diagnose vorgelegt, als sei all das ein schicksalhaftes Geschehen ohne Ausweg. Ich höre schon die Kritiker, die gegen eine solche Diagnose einwenden, hier werde behauptet, dass es keine Eingriffsmöglichkeiten gebe und dass man sich zu fügen habe. Der Vorwurf wird lauten, hier sage einer: Fügt euch, es ist *das System*, ihr werdet dabei sogar entlastet, weil es keine Alternative gibt.

Allerdings wäre es zumindest inkonsistent, einer Komplexitätsdiagnose zu unterstellen, sie schließe Alternativen aus, das wäre eine *contradictio in adiecto*, denn Komplexität ist ja schon kategorial an die Möglichkeit anderer Anschlüsse, Lösungen und Alternativen gebunden. Worauf ich hinauswill, ist etwas anderes. Erst eine Diagnose, die nicht Wahrheiten im Sinne unterstellter Kausalität formuliert, wird in der Lage sein, eine realistische Diagnose und Strategie anzubieten, und sie wird auch zeigen können, dass es umgekehrt die klassischen Diagnosen der fehlenden Gemeinschaft oder der fehlenden Einsicht oder des angemessenen Umbaus sind, die sich davon entlasten, sich Komplexitätsfragen zu stellen – als Fragen, die Alternativen nicht einfach anbieten, sondern stets damit rechnen, dass ein komplexes System anders reagiert, als wir es antizipieren.

Das bedeutet auch, dass komplexe Systeme stets in konkreten Gegenwarten operieren, immer je gegenwärtig auf sich reagieren und ihre Strukturen in der Zeit reproduzieren müssen. Ich habe diese Operativität und Gegenwartsbasiertheit und Gegenwartsorientierung der modernen Gesellschaft in mehreren soziologisch-theoretischen Arbeiten als *Gesellschaft der Gegenwarten* bezeichnet. Ich habe sogar vorgeschlagen, den Gesellschaftsbegriff möglichst nicht so zu gebrauchen, als handle es sich bei ihm um einen Gegenstand. Gesellschaft ist eigentlich nichts anderes als die Erfahrung, dass gleichzeitig Unterschiedliches geradezu unkoordiniert geschieht – es ist also etwas ganz anderes als etwas Geselliges und schon gar nicht etwas, das adressiert, angesprochen werden kann. Ich weiß auch gar nicht, ob man die Gesellschaft kritisieren kann. Man kann viel kritisieren, was in der Gesellschaft passiert, und sollte das auch tun, aber die Gesellschaft ist kein Adressat für Kritik – übrigens auch keiner für Lob, Anerkennung oder Zuneigung.

Gesellschaft ist eher etwas, das geschieht, etwas, das permanent praktisch und gegenwärtig aufgeführt wird, etwas, das instabiler ist, als es uns zumeist erscheint, vor allem, wenn wir es beschreiben, als sei es etwas. Ich habe an anderer Stelle Gesellschaft mit einem Stück verglichen, das stets und immer wieder neu aufgeführt wird, und weil ich die dort gewählten Formulierungen ebenso unbescheiden wie überzeugt sehr gelungen finde, zitiere ich mich am Ende dieses Kapitels hier selbst:

> »In diesem Sinne ist der gesellschaftliche Modernisierungsprozess als interner Emanzipationsprozess zu verstehen, in dem die funktionalen Logiken auf der einen Seite unabhängiger voneinander werden, aber gerade darin auf der anderen Seite hochgradig voneinander abhängig werden. Wie sollte die Wirtschaft ohne rechtliche Vertragssicherheit und die kollektive Bindungswirkung politischer Entscheidungen auskommen, wie Politik ohne eine funktionierende Geldwirtschaft und ein sanktionsbewehrtes Rechtssystem, wie Wissenschaft oder Kunst ohne ein funktionierendes Bildungssystem usw.? Was das Stück *Gesellschaft* bisweilen zu einem Drama macht, ist freilich die Tatsache, dass diese unterschiedlichen ›Rollen‹ weder von einem zentralen Regisseur auf-

einander abgestimmt werden noch ein Skript haben, an dem sie sich abarbeiten können. Wenn man dieses Bild weiter bemühen will, spielt auf der Bühne *Gesellschaft* eher eine Laienspielschar, die, zur Echtzeit gezwungen, weder Probe- noch Korrekturmöglichkeiten hat, sondern ihre Struktur gewissermaßen improvisieren muss und dennoch zu Selbststabilisierungen auch im Hinblick auf die Wechselseitigkeit der operativ voneinander unabhängigen Funktionssysteme kommt. Es ist fundamental eine *Gesellschaft der Gegenwarten.*«[48]

Viertes Kapitel / **Zwei Welten.** / Gibt es analoges Leben in digitalisierten Welten?

Die Metapher der *verteilten Intelligenz* verweist unmerklich auf die Digitalisierung der Schnittstellen. In rein analogen Techniken ist sie kaum implementierbar, eben weil analoge Signale oder Chiffrierungen stets eine strikte Kopplung voraussetzen, was *verteilte Intelligenz* im Sinne voneinander operativ unabhängiger Komponenten ausschließt. Digitale Signale dagegen erlauben es, dass die unterschiedlichen Komponenten sie nach ihren je eigenen Verarbeitungsregeln verwenden und nur das als Information behandeln, was für sie einen Unterschied macht. Analoge Signale machen zu viel Lärm, während man auf digitale Signale selektiver, insbesondere *eigenselektiver* zugreifen kann. Ganz ähnlich wie die technische Unterscheidung analoger und digitaler Formen der Weltverarbeitung stößt auch die Beschreibung moderner komplexer Gesellschaften auf die zunächst auf folgende Formel zu bringende Unterscheidung: *Die Welt sieht analog aus, nämlich so, wie wir sie sehen, sie operiert aber digital.* Ich verwende also die Unterscheidung *analog/digital* als Analogie.

Kommunikation – kein Übertragungsproblem

Um die Unterscheidung analoger und digitaler Welten abstrakt klarer zu machen, beginne ich mit der Frage der Kommunikation. Denn vorbereitet wurde die Möglichkeit der Unterscheidung von digitalen und analogen Formen der Kommunikation bereits in den 1940er-Jahren mit der mathematischen Kommunikationstheorie von Claude Shannon und Warren Weaver.[49] Shannon und Weaver haben versucht zu zeigen, dass Kommunikation nur zustande kommt, wenn aus Signalen mit einer bestimmten Wahrscheinlichkeit Informationen generiert werden können. Dabei richtet sich die Wahrscheinlichkeit danach, ob die Signale sich einer mit den Mitteln des Empfängers dechiffrierbaren und für ihn plausiblen Ordnung fügen. Das bedeutet, dass Kommunikation nicht einfach eine Übertragung von Informationen sein kann, weil diese nichts anderes sind als Kalkulationen im Hinblick auf andere mögliche Lösungen.

Wer also Funksignale aus dem All danach absucht, ob sie womöglich von intelligenten Lebensformen stammen könnten, wird sie im Hinblick auf eine Ordnung im Vergleich zu anderen möglichen Ordnungen ordnen. Und wer versucht herauszubekommen, was sein Mitmensch – Arbeitskollege, Liebespartner, Steueranwalt, Nachrichtensprecher – gerade mitteilt, wird die Signale danach ordnen, wie wahrscheinlich ihm mögliche Bedeutungen erscheinen. Was Shannon und Weaver als *mathematische* Kommunikationstheorie bezeichnen, ist also das Kalkül, mit dem die Wahrscheinlichkeit des Signals von einem Empfänger berechnet wird.

Den beiden Pionieren der Kommunikationstheorie ging es zunächst um die technische Übertragung von Signalen. Aber auch die semantische Form der Kommunikation, etwa in natürlicher Sprache, arbeitet sich an Wahrscheinlichkeiten von Bedeutungen ab. Das hätte man bereits aus der klassischen Hermeneutik wissen können, denn wenn sprachliche Äußerungen – von der einfachen Äußerung eines Mitmenschen bis zu göttlich geoffenbarten heiligen Schriften – unterschiedlich verstanden werden können, unterliegen Verstehensprozesse letztlich einem Wahrscheinlichkeitsmanagement der angemessenen Bedeutung, was immer und wer auch immer die jeweilige Angemessenheit kalkuliert.

Das Sender-Empfänger-Modell dieser klassischen Kommunikationstheorie ist also keineswegs so simpel, wie es sich zunächst anhört, denn es wird darauf hingewiesen, wie voraussetzungsreich es ist, dass Signale als Signale rezipiert werden. Shannons und Weavers Verdienst ist es also, auf die Unschärfe der Kommunikation aufmerksam gemacht zu haben. Sie haben sogar gezeigt, wie *unwahrscheinlich* Kommunikation ist, eben weil Kommunikationsprozesse stets mit der Unschärfe der Informationsübertragung umgehen müssen und gerade der Empfänger nicht einfach ein passiv empfangendes Gefäß ist. Auch das Empfangen von Signalen ist ein aktiver Prozess, der vor dem Hintergrundrauschen möglicher Signale dasjenige identifizieren muss, das insofern einen Unterschied macht, als es eine Information sein kann – oder muss man formulieren: einen Unterschied identifizieren muss, der dann einen Informationswert hat? Jedenfalls ist das Empfangen eine aktive Tätigkeit. *Der Empfänger empfängt nach eigenen Verarbeitungsregeln, über die der Sender nicht verfügen kann!*

Das Übertragungsmodell Sender – Empfänger meint also streng genommen gar keine Übertragung, weil der Sender nur übertragen kann, wenn der Empfänger empfangsbereit, -fähig oder -willig ist. Das ist uns in unserer stark technisierten Welt heute vielleicht plausibler, als es zu Shannons und Weavers Zeiten war: Wir ärgern uns permanent mit technischem Equipment herum, das irgendwie kompatibel sein oder gemacht werden muss mit anderem technischem Equipment, wobei die Kompatibilität beziehungsweise die *connectivity* noch nicht die Kommunikation ersetzt, sondern bloß die Bedingung ihrer Möglichkeit darstellt. Letztlich aber halten wir Kommunikation dann fur gelungen, wenn es so *aussieht*, als handle es sich um einen nachgerade verlustfreien Prozess von A nach B.

Wir gehen im Alltag zumeist davon aus, dass unser Gegenüber uns versteht und wir unser Gegenüber verstehen, eben weil es so *aussieht*, als sei es so. Wir sind sogar so sehr darin geübt, dies kontrafaktisch vorauszusetzen, dass wir im Alltag mit vergleichsweise unscharfen Signalen umgehen können. Auch hier richtet sich die Notwendigkeit der Bandbreite von Kommunikationskanälen nach der Informationstiefe. Ein grünes Licht in Form eines Ampelmännchens kann uns schon dazu bringen, über eine sechsspurige Straße zu gehen und völlig von dem 36-Tonner abzusehen, den man sehen könnte, würde man nicht die Ampel, sondern die Straße beobachten. Und wenn uns im Zug der Schaffner auf eventuelle Erschleichung des Wegeentgeltes prüft, dann reicht es schon, sein Gemurmel von dem der anderen Fahrgäste unterscheiden zu können, um die Fahrkarte zu zücken.

Dagegen hat eine halbe Stunde zuvor die Auskunft, wie man zum Bahnhof kommt, eine ziemlich genaue Übertragungsrate erfordert, um nicht etwa eine Abzweigung zu übersehen, die dann alle anderen nachfolgenden Abzweigungen ihres Sinnes beraubt.

Das war übrigens auch eine der Intentionen von Shannon und Weaver: mit einer mathematischen Kommunikationstheorie mitberechnen zu können, wie viel Störung in der Kommunikation tolerabel ist, woraus sich dann die technische Einrichtung von Stärke, Art, Tiefe und Bandbreite des Signals kalkulieren lässt. Kommunikation hat es also weniger mit einem Übertragungsmanagement im engeren Sinne zu tun, sondern mit einer besonderen Form des Unschärfemanagements. Man muss nicht genau *wissen*, was der andere gesagt haben könnte, man *kann* es womöglich gar nicht wissen. Und eben weil Kommunikation nicht auf solches Wissen angewiesen ist, sondern im Gegenteil nur deshalb funktional notwendig ist, weil es eben keine wirkliche Eins-zu-eins-Übertragung von A nach B gibt, kann man Kommunikation als »Nichtwissensmaschine« bezeichnen.[50]

Für meinen Gedankengang ist diese Kommunikationstheorie deshalb besonders wertvoll, weil sie Kommunikation eben nicht an den Verbindungen, an der Übertragung, an der gelungenen Verständigung und am Einverständnis misst und beurteilt, sondern an den Unterbrechungen, also dort, wo Übertragung eben nicht trivial ist, sondern stets etwas anderes erzeugt als das, was Ausgangspunkt der Kommunikation war. Insofern passt diese selbst aus dem technischen Bereich der Signalübertragung stammende Kommunikationstheorie zur Metapher der *verteilten Intelligenz*. Sie erfordert Kommunikation zwischen den Komponenten mit stets zwei unterschiedlichen Selektivitäten, derjenigen des Senders und derjenigen des Empfängers, setzt dabei aber auf die systematische Verzerrung, dass die einzelnen Komponenten Signale nur nach den eigenen Regeln beurteilen und berechnen.

Die Unterbrechung zwischen den Komponenten ist hier keine Störung, auch kein Informationsverlust in dem Sinne, dass dabei womöglich Informationen *verloren* gehen. Sie macht deutlich, dass Informationen erst dort erzeugt werden, wo sie verarbeitet werden, so dass etwas (ein Signal, Daten, ein Unterschied usw.) an unterschiedlichen Stellen, das heißt durch unterschiedliche Komponenten, auch Unterschiedliches bedeutet – und das genau macht Komplexität aus: dass etwas gleichzeitig unterschiedliche Zustände annehmen kann.

Krisen

Die Komplexität der modernen Gesellschaft ist exakt durch eine solche Struktur geprägt. Die unterschiedlichen Logiken, Intelligenzen und Funktionen nehmen sich wechselseitig je nach eigenen Verarbeitungsregeln wahr und erzeugen dadurch ein System, das nicht aus einem Guss ist. Letztlich erscheint deshalb moderne Gesellschaftlichkeit fast notwendigerweise als krisenhaft. Sie erlebt sich deshalb als Krise, weil sie die Widerständigkeit der Gesellschaft für intervenierende Zugriffe erlebt. Auf politische Rahmenbedingungen reagiert die Ökonomie ökonomisch und konterkariert oft die politische Intention. Das Bildungssystem vermag die Probleme nicht so schnell zu lösen, wie es in politischen Öffentlichkeiten oder in Unternehmen gebraucht wird. Wissenschaft erzeugt widersprüchliche Analysen, weil sie eben in erster Linie wissenschaftliche Probleme löst. Und schließlich: Ökonomische, politische und rechtliche Formen entziehen sich ethischen Begründungsalgorithmen; ökonomische Prosperität und ihre Parameter erzeugen trotzdem ökonomische Not und Ungerechtigkeit.

Die Potenz der Moderne besteht gerade darin, dass die unterschiedlichen Logiken ihre gesellschaftliche Bedeutung als eigenlogische Bedeutung ansehen, so dass es so etwas wie eine *gesellschaftsweite Kommunikation* zumindest nicht in dem Sinne geben kann, dass die Unterbrechungen funktionaler Differenzierung oder *verteilter Intelligenz* prinzipiell überwunden werden.

So ist die enorme Potenz des Marktes und der kapitalistischen Ökonomie tatsächlich ein genialer Problemlöser – aber eben nur unter ökonomischen Aspekten. So kann ökonomischer Erfolg mit wenig sozialverträglichen Folgen einhergehen. Und politischer Erfolg bemisst sich bisweilen am Erfolg innerhalb des politischen Prozesses, also an Wahlen, nicht aber daran, ob identifizierte Probleme gelöst worden sind. Auch Wittgensteins berühmte Sentenz, dass die Lösung aller wissenschaftlichen Probleme noch kein Lebensproblem gelöst haben mag, ist in diesem Kontext zu sehen, denn Wahrheitsfragen im wissenschaftlichen Sinne sind andere Fragen als Geltungsfragen im Bereich der Lebensführung. Das mag etwas holzschnittartig klingen, aber gibt genau das Kommunikationsproblem wieder, das für die moderne, komplexe Gesellschaft charakteristisch ist. Gesellschaftsweite Kommunikation und Beschreibungen sowie Formen identischer Anschlussfähigkeit von Kommunikation können schlicht nicht vorausgesetzt werden.

Die Gesellschaft besteht aus Unterbrechungen, sie besteht aus internen Grenzen, die man nur um den Preis unterschiedlicher Verarbeitungsregeln überwinden kann. Man wechselt also stets das Terrain und verliert die Kontrolle darüber, wie die Dinge an anderer Stelle verarbeitet werden – was dann Beschreibungen der Gesellschaft, die einen zentralen Mechanismus der Problemlösung voraussetzen, in ihrer ganzen Impotenz deutlich werden lassen.

Die Krisenhaftigkeit der Moderne beruht auf der Erfahrung, dass die Konzepte, über die wir verfügen, offensichtlich nicht hinreichen. Jürgen Habermas hat 1973 in seinem Buch *Legitimationsprobleme im Spätkapitalismus* als Arbeitsdefinition fürs Krisenhafte Folgendes vorgeschlagen: Wir erleben etwas als krisenhaft, wenn es sich dem handelnden Zugriff im Sinne einer objektiven Gewalt entzieht, die »einem Subjekt ein Stück Souveränität entzieht, die ihm normalerweise zusteht«.[51] Das trifft es ziemlich genau – und liefert zugleich mit, dass sich Krisenhaftigkeit prinzipiell nur durch Souveränität überwinden lasse, das heißt durch die prinzipielle Möglichkeit des Durchgriffs auf andere Logiken in der Gesellschaft, denn was soll Souveränität sonst bedeuten? Wahrscheinlich ist aber die Grundstruktur der Moderne dadurch geprägt, dass eben diese Souveränität ausgeschlossen ist – zumindest in dem Sinne, dass sich die Dinge an das halten, was die Intention des Akteurs gewollt haben könnte. Die Krisenhaftigkeit der Moderne ist deshalb keine objektive Krisenhaftigkeit, sondern eine, die dadurch entsteht, dass diese Gesellschaft nie stillsteht und nach Eigenlogiken reagiert, die sich jeglichem Souverän entziehen. Und damit auch einer souveränen Beschreibung und Diagnose.

Insofern erzeugen gerade die mächtigsten Reflexionstheorien auch die naivsten Konzepte über die Gesellschaft. Das heute neoliberal genannte Paradigma der Lösung aller Probleme durch sparsamen Einsatz von Mitteln und entsprechende Anreizstrukturen ist genauso lächerlich wie der Glaube an die prinzipielle Lösbarkeit aller Probleme durch Partizipation oder die vollständige Ethisierung von Entscheidungsalgorithmen. Wenn ich diese

Konzepte lächerlich nenne, dann heißt das keineswegs, diese Programme seien nicht wirkmächtig und bedeutsam. Im Gegenteil – es sind zum Teil die erfolgreichsten ihrer Sorte. Das beruht freilich auch auf der Tatsache, dass solche Beschreibungen fast notwendigerweise eine politische Form annehmen, das heißt so etwas wie eine auf mehrheitsfähige Zustimmung setzende Semantik verwenden müssen, um sich plausibel darzustellen. Das Politische lebt ja gerade davon, dass es die Komplexität der Gesellschaft dadurch für sich selbst vereinfachend darstellt, dass es die Gesellschaft mit der Kollektivität zustimmungsfähiger Leute verwechselt. Die rechte, die linke wie die konservative Form des Zustimmungsmanagements zielt dann darauf, sich in dieser Vereinfachung einzurichten – und die strukturelle Krisenhaftigkeit der Gesellschaft schlägt als Bestätigung für jene kritischen Diagnosen durch, die hier angeboten werden. Die linke Metapher vom Umbau simuliert den Zugriff aufs Ganze und findet sich dann in der Widerständigkeit einer »kapitalistischen Gesellschaft« bestätigt, die sich jenen Zugriffen mit ihren eigenen Mitteln entzieht. Die rechte Fantasie der Homogenität dagegen findet sich ebenfalls in der Unerreichbarkeit der Gesellschaft bestätigt, die ja gerade in ihrer Pluralität liege. Und der konservative Appell an die moralische Mäßigungseinsicht findet sich in der Korrumpierung der Subjekte durch den Markt oder sonstige Angebote bestätigt. Diese Beschreibungen zehren also von der Widerständigkeit einer komplexen Struktur, indem sie sich ihre Diagnosen von der Komplexität bestätigen lassen, aber in ihren praktischen Konsequenzen nicht mit Komplexität rechnen. *Sie reagieren mit analogen Mitteln auf digitale Probleme.*

Analog und digital – eine Heuristik

Die technische Unterscheidung von Analogem und Digitalem stammt aus der Signaltheorie, die auf ähnlichen Kommunikationstheorien aufbaut, wie ich sie mit Shannon und Weaver schon besprochen habe. Eine analoge Technik sieht eine Eins-zu-eins-Übertragung von Ursache und Wirkung, Signal und Reaktion, Steuerung und Umsetzung vor, die Signale übertragen unmittelbar physikalische oder elektrische Größen. Der Klassiker der Analogtechnik ist etwa die Schallplatte, die Töne über die Schwingung einer Membran im Mikrofon und in der elektrischen Leitung bis auf die Rillen der Platte weiterleitet. Selbstverständlich gibt es hier Übertragungsverluste, aber die Logik der Übertragung ist analog. Am Ende kommt das heraus, was abgesendet wurde – wenigstens im Hinblick auf die Dynamik der physikalischen Messgrößen, die vom Schall der Musik ausgehen.

Stellt man Übertragungsformen analoger Natur als mathematische Funktion dar, handelt es sich um eine sogenannte *glatte Funktion*, glatt genannt, weil der Graph ein glatter Graph ist, also mit Rundungen, ohne Ecken, maximal differenzierbar. Analoge Übertragung liefert aber gerade wegen dieser Differenzierungsfähigkeit alle Fehler mit, sie ist so, wie sie ist, und ihre Empfangstechnik ist darauf ausgerichtet, das Signal möglichst *naturgetreu* wiederzugeben. Analogtechnik übersetzt also nicht, sondern überträgt. Das heißt, sie wandelt das Signal in keine andere Sprache um, höchstens in ein anderes Medium: Licht in elektrische Signale oder Schall in physikalische Muster.

Unser Alltagsverständnis von Kommunikation ist so aufgebaut, dass wir mit analoger Übertragung rechnen. Was unser Gegenüber sagt, ist uns ein Hinweis darauf, was er oder sie meint. Was wir sehen, halten wir für die Wirklichkeit. Und solange sich begriffliche Bedeutungen praktisch bewähren, stehen sie ganz und gar analog für das, wofür sie stehen. Wir sind es gewöhnt, die Signale, die wir empfangen, als analoge Signale anzusehen. Selbst wenn die Signalverarbeitung viel komplizierter ist, bringt uns unser Gehirn dazu, so zu tun, als würden wir die Welt analog wahrnehmen. Dafür sorgt das 1950 von Erich von Holst und Horst Mittelstaedt entdeckte sogenannte *Reafferenzprinzip*.[52] Organismen mit zentralem Nervensystem haben die Fähigkeit, ungenaue oder wechselnde oder nicht erwartbare Reize so zu verarbeiten, dass ein verarbeitungsfähiges Bild der Welt entsteht, ein analoges Bild, dessen Tiefenschärfe sich in *glatten* Funktionen abbilden lassen müsste. Es läuft also keine passive Wahrnehmung einer objektiv vorhandenen Welt ab, sondern es läuft permanent ein »Selbst-Monitoring«[53] als implizite Voraussetzung bewusster Prozesse mit. Man könnte laienhaft sagen: Wahrnehmung folgt eher *pragmatischen* als *prinzipiellen* Motiven, muss also funktionieren, nicht begründbar sein.

So sehen wir trotz unseres Ganges, der uns beim Gehen einige Zentimeter rhythmisch nach oben und unten schwingen lässt, einen konstanten und ruhenden Horizont – was man gut überprüfen kann, wenn man eine Videokamera vor sich hält. Wenn man geht, wird das Bild sehr wackelig, aber wir sehen sie mit mehr Konstanz. Das Reafferenzprinzip sorgt übrigens auch für die Wahrnehmung von Farbkontinuität, obwohl sich die Farben wahrgenommener Gegenstände *objektiv* in Abhängigkeit zum Außenlicht verändern – im Laufe des Tages ändert sich die Farbtemperatur und damit auch die Farbe eines Gegenstandes, der Wechsel von Natur- zu Kunstlicht macht die Welt automatisch röter, weil natürliches Licht mehr Blauanteile enthält. Man kann also sagen: Die Physiologie unserer Wahrnehmung funktioniert keineswegs analog, sondern mithilfe viel komplizierterer Verarbeitungsprozesse. Das Erleben des Wahrgenommenen erfordert aber wenigstens das Bild einer analogen, kontinuierlichen Welt, die durch unsere Wahrnehmung bestätigt wird.

Das Reafferenzprinzip kompensiert die Mannigfaltigkeit von Umweltsignalen durch ein Selektionsprinzip, das aus einer chaotischen Fülle von möglichen Informationen diejenigen destilliert, die aus der chaotischen eine handhabbare, wahrnehmbare, kalkulierbare Umwelt machen. Dabei geht es nicht nur um die Menge der Reize, sondern auch um die Qualität der Informationsverarbeitung. Und das gilt dann auch für die Verarbeitung von sozialen Situationen und sprachlichen Signalen. Wir werden den ganzen Tag mit einer Unmenge an Signalen beschallt, wir hören stets mehr, als wir verarbeiten können, wollen und sollten. Unsere Position in der sozialen Welt wird aber gerade dadurch bestimmt, wie unsere jeweils eigenen Verarbeitungsregeln diese Welt ordnen und auf wie viel Präzision sie dabei angewiesen sind. Die Parallele zur mathematischen Kommunikationstheorie liegt auf der Hand: Informationsverarbeitung erfolgt stets mit den Mitteln und auch im Interesse des Empfängers, der so auswählt, dass die Informationen verarbeitet werden können – alles andere verschwindet im Hintergrundrauschen. Das Reafferenzprinzip hilft, die Illusion aufrechterhalten zu können, als sei Wahrnehmung eine Eins-zu-Eins-Korrelation zwischen der Wahrnehmung und dem Gegenstand der Wahrnehmung – und dies war die Definition einer *analogen Welt*.

Die Frage, was das physiologische Reafferenzproblem mit der Frage der Beschreibung moderner Gesellschaften zu tun hat, ist so berechtigt wie leicht zu beantworten. Denn man kann neben dem (wahrnehmungs)physiologischen Reafferenzprinzip auch ein *soziales Reafferenzprinzip* ausmachen. Wir sehen auch die soziale Welt letztlich immer so, wie wir sie erwarten, und halten länger an sozial erwünschten beziehungsweise sozial bewährten Bildern fest, als es möglich wäre. Zu einer solchen *analogen* Illusion gehört etwa, die Gesellschaft für eine umbaufähige Einheit zu halten oder für ein Gruppenphänomen mit entsprechender Homogenitätsdichte. Obwohl solche Bilder bei genauem Hinsehen etwa so viel Plausibilität haben wie die Behauptung einer Farbkontinuität, hat sich das analoge Bild der Gesellschaft in der angedeuteten Weise bewährt – weswegen dann auch die Beschreibungen entsprechend ausfallen. Aber ich greife vor.

Zunächst muss ich die angekündigte Heuristik vervollständigen. Schon bei der Beschreibung analoger Welten stößt man auf Digitalisierungsprobleme, sobald man über Wahrnehmung und Informationsverarbeitung spricht. Die Wahrnehmung der Welt durch ein Gehirn sorgt schon dafür, dass aus Außenreizen Daten werden und diese nach eigenen Regeln verarbeitet werden, freilich mit dem Ziel, eine analoge Welt voraussetzen zu können, die aber gerade nicht vorausgesetzt werden kann. Ich bin kein Neurowissenschaftler und habe davon wenig Ahnung – aber plausibel erscheint mir an solchen Analogien (sic!) stets, dass man von der Hirnforschung zumindest lernen kann, dass das Gehirn nach eigenlogischen Verarbeitungsregeln arbeitet und damit eine innere, geschlossene Existenzweise erzeugt, die aber gerade die Voraussetzung unseres Außenkontaktes ist. Wenn man sich das Gehirn als einen Operator vorstellt, der sich ereignishaft auf die Welt bezieht, dann stellt sich die Frage nach der Kontinuität.

Der Hirnforscher Ernst Pöppel hat die Frage so gestellt: »Wie ist es … auf der Grundlage isoliert definierter Ereignisse möglich, dass in unserem Erleben dennoch so etwas wie Kontinuität entsteht?«[54] Pöppel unterscheidet hier zwei Antwortmöglichkeiten: Entweder es gebe eine semantische Integration von Ereignissen, was aber eine semantisch bereits bestehende Welt voraussetzt, oder aber, und diese Antwort präferiert Pöppel: Die Integration erfolgt durch die Zeit, also dadurch, dass das Gehirn eine Art eigenen inneren Takt hat, der es ermöglicht, unterschiedliche Zustände nacheinander zu integrieren. »Die Grenze für die zeitliche Integration von Ereignissen liegt bei 2–3 Sekunden.«[55] Dies bedeutet, dass das Gehirn sich dadurch kontinuiert, dass es mit den je eigenen Verarbeitungsregeln weiterläuft und sich daran orientiert, was sich bewährt und was sich im Kontakt mit der Umwelt bestätigt, und zwar nicht ein für alle Mal, sondern kontinuierlich durch Pfade in der Zeit, aber je gegenwärtig neu. Deshalb kann man auch eine gemeinsame Welt voraussetzen, weil die Wahrscheinlichkeit steigt, dass in jeweiligen Erfahrungswelten ähnliche Selektionsmechanismen greifen und wir uns je füreinander bewähren können. Dies nennt Ernst Pöppel den »Rahmen«, in dem jeweilige Verarbeitungen des Gehirns statthaben. Dies ist ein weiterer Hinweis darauf, wie die Welt digital verarbeitet wird, *damit* sie analog erlebt werden kann.

Digitalität meint zunächst nichts anderes als Zählbarkeit – *digitus* ist der Finger, an dem sich die Dinge abzählen lassen. Digitale Verarbeitung setzt also auf zählbare, zeit- und wertdiskrete Repräsentationen der Welt. Sie baut Unterbrechungen ein, die es erlauben, den Ausgangsreiz in Daten zu verwandeln, denen man die analoge Struktur nicht mehr ansehen kann. Das hat den Nachteil, dass bei der Rückführung von digitalen in analoge Signale, wie etwa bei einer Musik-CD, eine gewisse Verzerrung in Kauf genommen werden muss. Wird eine analoge Übertragung als glatte Funktion dargestellt, so besteht der Graph einer digitalen Übertragung aus Rechtecken, also aus diskreten Zuständen, zwischen denen eine Unterbrechung dargestellt wird. Die Funktion solcher Unterbrechungen besteht darin, dass man in die Datenstruktur eingreifen kann, da es sich ja um zählbare, diskrete Zustände handelt, die man durch ähnliche Zustände ersetzen kann. Der große Vorteil ist, dass die digitale Datenstruktur eine Rekombination unterschiedlicher Datenquellen ermöglicht – das reicht von der genetischen Programmierung lebender Zellen bis zum softwaregesteuerten Maschinenmanagement. Erst recht ermöglicht es die Rekombination von Daten, die zu diesem Zwecke überhaupt nicht erhoben worden sind, aber dazu komme ich noch.

Im Unterschied zu analogen Welten, die aus analog Erzählbarem bestehen – aus Musik und Klang, aus Textbedeutung und kultureller Verstehbarkeit, aus Gestalten, aus Schönheit, Bedrohung und Hässlichkeit, aus Geschmack und Praktikabilität, aus Helligkeit und Dunkelheit –, bestehen digitale Daten nur aus zeit- und wertdiskreten Zuständen. Sind analoge Welten pralle Praxiswelten, so sind digitale Welten Zeichenwelten, die zumindest analog nicht abbilden, was sie bedeuten.

Das gilt schon für die Schrift, deren Buchstabenkolonnen eine Digitalisierung dessen darstellen, was das Geschriebene bedeutet. Insofern ist vielleicht die auf geoffenbarte heilige Schriften gebaute Tradition der jüdisch-christlichen Überlieferung eine erste starke Digitalisierung der Welt, weil sie es mit *Büchern* zu tun bekommen hat, die man lesen muss, also unterschiedlich lesen kann, damit eigendynamische Verarbeitungsregeln nicht nur erlaubt, sondern geradezu erzwingt. Letztlich besteht auch die Heilige Schrift aus *diskreten* Zuständen, die je historisch neu in *analoge* Formen gebracht werden müssen.

Das Verhältnis von digitalen und analogen Welten ist also nicht neu, bekommt aber durch neue technische Möglichkeiten eine ganz neue praktische Bedeutung, was sich unter anderem in der Bioinformatik als einer der Schlüsseldisziplinen zwischen Natur-, Technik- und Kulturwissenschaften zeigt.[56]

Wichtig ist allemal: *Gelebt wird in analogen Welten, verarbeitet werden diese aber digital.* Dies war die Formel, mit der ich diese Überlegungen begonnen habe. Es geht also bei all diesen komplexen Prozessen der Kommunikation, der Informationsverarbeitung, der Wahrnehmung und sogar der Herstellung von Bedeutung darum, auf die Rekombinationsfähigkeit digitaler Verarbeitungsformen zu setzen und dabei aber eine lebbare analoge Welt zu erzeugen. Was in den Neurowissenschaften etwa als »Plastizität« bezeichnet wird, scheint mir nichts anderes zu sein als die biologische Entsprechung der Tatsache, dass sich ein Organismus selbsttätig an seine Umwelt anpassen muss, die sich selbst wiederum verändert, weswegen gerade in der Zeit vor der Pubertät das Gehirn sich am ehesten selbst in Bezug zu seiner Umwelt zu formen und zu verändern vermag. Der Anthropologe Michael Tomasello zeigt, wie sich kognitive Fähigkeiten vor allem in Abhängigkeit zu besonders uneindeutigen Umwelten entwickeln und wie diese Plastizität der neuronalen Ausstattung das Gehirn zu einem kooperativen beziehungsweise von Kooperation abhängigen Organ macht.[57] Ernst Pöppel weist dem Gehirn dabei sogar eine »gestaltende Kraft«[58] zu, was ich so interpretiere, dass es zwischen Gehirn und Umwelt eine Interdependenzunterbrechung gibt, die prinzipiell nicht überwindbar ist – die aber die Offenheit für die Welt erst ermöglicht. Wie in der Kommunikation der Empfänger nicht passiver Endverbraucher eines Reizes ist, ist bei der Konstitution der Welt im Bewusstsein das Gehirn kein Scanner, sondern ein eigentätiger Akteur – der sich übrigens nicht nur von seiner Umwelt, sondern auch vom Ich unterscheidet. Ich habe dafür an anderer Stelle das Bild gebraucht, das Ich sei eingekeilt zwischen Gehirn und Gesellschaft.[59]

Wenn man kognitive Leistungen und Fähigkeiten in einen *naturgeschichtlichen* Zusammenhang stellt, kann man fast von einem Vorrang digitaler Welten vor analogen Welten sprechen. Organismen mit zentralen Nervensystemen verarbeiten Außenreize stets unterbrochen durch die Schwelle eines zentral gesteuerten Nervensystems, das diese eben nicht einfach analog *re*zipiert, sondern digital *kon*zipiert. Digitale Welten sind also der *Normalfall* der Informationsverarbeitung in der belebten Natur, der nur dazu dient, *analoge Welten* zu simulieren, in denen sich komplexe Organismen als Individuen bewegen und orientieren können.

Wenn man auch die soziale Welt, also Gesellschaften als Systeme versteht, die Information verarbeiten und damit kognitiv operierende Systeme sind, wäre es sehr merkwürdig, den zur Vereinfachung der Welt dienenden analogen Bildern auf den Leim zu gehen, ohne deren digitale Form der eigendynamischen Ordnungsbildung in den Blick zu nehmen. Was ich sagen will, ist dies: Bereits ohne digitale Techniken, wie wir sie erst seit wenigen Jahrzehnten kennen, verfügen Gesellschaften über digitale Verarbeitungsregeln – um analoge Welten zu erzeugen, in denen man sich bewegen kann – was ja auch das Ziel von Digitaltechniken ist: analog erscheinende Benutzeroberflächen bereitzustellen, die die Tiefe ihrer digitalen Erzeugungsbedingungen im Dunkeln lassen müssen. Während ich beim Schreiben am Bildschirm eine analog anmutende Schrift sehe, ereignet sich *dahinter* eine digitale Verarbeitungswelt, mit der ich nicht umgehen könnte. Die Schwelle zwischen analogen und digitalen Verarbeitungsformen sind jene Unterbrechungen, die die lose Kopplung zwischen Ich und Welt, zwischen Maschine und Umwelt, zwischen Wahrnehmung und Gegenstand ermöglichen und damit Dynamiken freisetzen, die in einer analogen Welt geradezu kurzgeschlossen wären.

Die Unterscheidung analoger und digitaler Welten enthält noch einen anderen Aspekt, der für das Thema der Beschreibbarkeit gesellschaftlicher Komplexität von außerordentlicher Bedeutung ist – vielleicht ist es sogar der entscheidende Punkt, an dem sich die Frage der Beschreibbarkeit von Komplexität entscheidet. Ich möchte nämlich zeigen, dass Digitalisierung keineswegs nur bedeutet, dass digitale Informationstechniken die Gesellschaft verändern. Vielmehr erscheint uns die Gesellschaft inzwischen selbst als *digitalisiert*, weswegen ich von *sozialer Digitalisierung* spreche, was ja schon deshalb naheliegt, weil man auch von einer biologischen, neuronalen Digitalisierung sprechen muss.

Soziale Digitalisierung

Üblicherweise sehen wir die Welt analog, und sehen heißt: eine Ordnung wahrzunehmen, die es erlaubt, sich in der gesehenen Welt zurechtzufinden. Sehen heißt: ein Bild der Welt in bekannte Bilder und Erwartungen einzupassen. In der sozialen

Welt sind das die bekannten Kriterien: Schichtungen, Milieus, Erwartungen, Normallebensläufe, Erfahrungen, Typisierungen, auch milieuspezifische Versprechen, zeitliche und räumliche Programme des Verhaltens, also alles, was das komplizierte Verhalten in Gesellschaften kalkulierbar macht. Es reichen uns dann einige wenige Informationen, um den Rest zu erschließen. So dienen Milieuzeichen dazu, das Verhalten des Gegenübers einschätzen zu können. Wir können aus wenigen Zeichen an Personen oder Gruppen – Kleidung, Stil, Rang- und Funktionsabzeichen, Rollen und Habitus, Sprachstil und Wortwahl, Physiognomie und kulturelle Codes, unterstellte gemeinsame Erfahrungen und Selbstverständlichkeiten usw. – irgendwie erschließen, was sie machen beziehungsweise in welchem Verhältnis sie zu uns selbst stehen. Geschlecht, Alter, Kleidung, Konsumstil, Gebrauchsgegenstände, Sprechverhalten, Habitus – all das versorgt uns mit Informationen, die auf die übrigen Puzzlesteine weiter schließen lassen.

Wohlgemerkt: Dies sind keine intellektuellen oder abstrakten Kategorien, sondern dies ist das praktische Wissen, das wir über die soziale Welt haben. Wir bewegen uns praktisch darin und verfügen über implizites Wissen darüber, wie die Welt beschaffen ist. Am eindringlichsten können wir das vielleicht an unserem eigenen Sprechen beobachten – Sprechen ist letztlich eine implizite, eine vorreflexive Fähigkeit. Wir können uns in bestimmten sozialen Situationen selbst sprechen hören, lernen dabei etwas über die Situation. Das, was wir sprechen, vorher als Intention im Kopf zu repräsentieren, gehört eher zu den Ausnahmesituationen. Meistens spricht es irgendwie von selbst, und Intention und Ausführung fallen irgendwie in eins, was sogar so weit gehen kann, dass wir bisweilen Vokabeln verwenden, auf die wir bei bewusstem Nachdenken gar nicht gekommen wären. Die Welt, in der wir uns bewegen, ist uns im analogen Sinne vertraut, weil sie so ist, wie sie aussieht, und weil sie so aussieht, wie sie ist. Am vertrautesten ist sie uns, wenn wir nicht über sie nachdenken müssen – und wenn wir nicht über sie nachdenken müssen, bleibt sie uns vertraut. In diesem Modus der Informationsverarbeitung fügt sich eins zum anderen, nicht konflikt- und widerspruchsfrei, aber mühelos. Auch an bestimmte Diskontinuitäten muss man sich einfach gewöhnen – dann bleibt die Welt eine Welt, die so aussieht, als käme sie auf analogen Übertragungswegen in unsere Sinne oder semantischen Kategorien.

Die Soziologie hat dafür unterschiedliche Kategorien entwickelt, mit denen man das beschreiben kann. Die beiden prominentesten sind das Konzept der Lebenswelt und der Begriff der Praxis. *Lebenswelt* meint die Welt, die uns im Wesentlichen vorreflexiv, also als Boden unserer expliziten Erfahrung gegeben ist. Dazu gehören all die Kategorien, die ich schon genannt habe, aber auch die Sprache sowie implizite Annahmen darüber, wie die Welt funktioniert. Und der Praxisbegriff meint vor allem, dass sich unser Umgang mit und in der Welt praktisch bewährt, durch unser Tun, durch Wiederholungen und Bestätigungen – also weit weniger intentional und explizit wissensförmig, als wir uns selbst wohl sehen.[60] Die soziale Welt bildet also analoge Formen aus, die uns eine gewisse kalkulierbare Sicherheit darüber vermitteln, was gilt und was nicht gilt. Dass ich dies stets mit dem Begriff des Analogen belege, meint nur, dass dieses Bild der Gestalt der Welt entspricht. Es ist eine gewissermaßen durchschaubare Welt – und dies scheint auch nötig zu sein, um sich von zu viel Komplexitätsdruck entlasten zu können. Es entsteht damit eine Kontinuität und eine Regelmäßigkeit, die die Welt lesbar machen – und solange diese Sicherheiten und die Bilder der Welt nicht infrage gestellt werden, gelten sie auch sozial. Man kann das fast ein soziologisches Grundgesetz nennen: *Was sich bewährt, das bewährt sich, bis es praktisch infrage gestellt wird.*

Wie regelmäßig eine Gesellschaft doch ist, lässt sich etwa bei Wahlprognosen beobachten. Es reicht aus, 1000 bis 2000 Personen zu befragen, um Wahlergebnisse von 50 bis 60 Millionen Wahlberechtigten ziemlich genau voraussagen zu können – und bevor ein Produkt für viel Geld entwickelt und produziert wird, kann man berechnen, wie groß der potenzielle Markt dafür sein könnte. Milieus und Geschlechterrollen, Formen der sozialen Ungleichheit, erwartbare Bildungs- und Arbeitskarrieren, legitimer Geschmack und Konsumstile – all das folgt in unserem Normalbild der Gesellschaft einer vergleichsweise stabilen Ordnung, die wie eine analoge Ordnung erscheint, weil man so etwas wie Eins-zu-eins-Korrelationen zwischen Einzelinformationen und Gesamtbildern vorauszusetzen meint.

Das Verhältnis von digitalen und analogen Welten wird erst dann sichtbar, wenn analoge Bilder nicht mehr genügend Informationen bieten – und dies scheint exakt die Erfahrung zu sein, die der Ausgangspunkt für gesellschaftliche Krisen beziehungsweise Krisenerfahrungen sind.

Diese Welt ist in der Tat komplizierter geworden, weil die Krisen selbst unübersichtlicher geworden sind. Man könnte sagen: *Selbst Krisen verlieren ihre klare analoge Gestalt.* Konkurrenten um knappe Ressourcen und Lebenschancen haben es immer weniger mit kollektiven, klar identifizierbaren Gegenübern zu tun. Der Konkurrent wird ein abstrakter und unsichtbarer Konkurrent – unsichtbar unter anderem deswegen, weil die Konkurrenten nur noch in Ausschnitten ihrer Persönlichkeiten miteinander konkurrieren, nicht mehr als Exemplare von eindeutigen Gruppen, Klassen und Milieus. Der Konkurrent um Ausbildung, Arbeit, Wohnung, soziale Sicherheit, sogar um intime Zuneigung und soziale Anerkennung ist nur noch eine statistisch wahrnehmbare Größe, ein Konglomerat ähnlicher Merkmale, aber eben nicht von Gesamtgestalten. Konkurrenten werden gewissermaßen digitalisiert – sie treten nicht mehr als analoge pralle Formen auf, nicht mehr als soziale Gruppen, nur noch als statistische Gruppen. Damit werden auch Verantwortliche und Schuldige immer weniger adressierbar und identifizierbar. Der Konkurrent wird schlicht unsichtbar – oder besser: Er wird nicht mehr analog sichtbar, sondern nur noch als zeit- und wertdiskrete Information digitalisierbar.

Das Gefühl der Krise entsteht letztlich als Anpassungsstörung an das analoge Bild der Welt, das uns mit Ordnung versorgt. Ich habe oben schon Jürgen Habermas zitiert, der das Gefühl der Krise als *Verlust von Souveränität* beschreibt – und analoge Welten versorgen uns wenigstens mit der Möglichkeit, uns darin souverän zurechtzufinden. Das verschwindet, wenn Abweichungen und Bedrohungen nicht klar identifiziert werden können. Um ein archaisches Bild zu konstruieren: Eine Bedrohung ist objektiv dieselbe, ob ein Raum dunkel oder hell ist – aber im Hellen bekommt sie subjektiv eine Gestalt und kann kausal eingeordnet werden, während sie im Dunkeln so unbestimmt bleibt, dass sie noch bedrohlicher erscheint. Diese Urerfahrung machen Kinder, wenn sie das erste Mal alleine in den dunklen oder spärlich beleuchteten Keller gehen müssen – und mit dieser Urerfahrung spielt Spannung im Film, die am stärksten ist, wenn man nicht sehen kann, warum etwas gleich schiefläuft.

Deshalb ist es gerade in Situationen, die als krisenhaft erlebt werden, besonders wahrscheinlich, dass digitale Unübersichtlichkeit sich in analogen Bildern entlädt. Der Klassiker ist die Fremdenfeindlichkeit, das heißt die nachträgliche Identifizierung von vermeintlich *sichtbaren* sozialen Gruppen als Kompensation für *unsichtbare* statistische Gruppen, denen man Krisen des Arbeitsmarktes, des Wohnungsmarktes, der Konjunktur, der öffentlichen Sicherheit oder der kulturellen Erwartbarkeit zurechnen kann. Hier kann man komplizierte Wechselwirkungen der Gesellschaft und komplexe Dynamiken so behandeln, als lägen ihnen klare Kausalitäten zugrunde.

Die latent überall vorhandene und leicht abrufbare Fremdenfeindlichkeit und der Alltagsrassismus sind letztlich eine Funktion solcher Anpassungsstörungen, die keine digitalen Erklärungen ertragen können – und dann mit einfachen Kausalitäten arbeiten müssen. Was ich *soziale Digitalisierung* nenne, ist tatsächlich das Auseinanderklaffen dessen, was man an der Gesellschaft sehen kann, und der komplexen Gemengelage der Gesellschaft selbst.

Auf die soziale Digitalisierung reagiert die Gesellschaft mit Analogisierungen. Es entstehen Kategorien, die mehr Eindeutigkeit erzeugen, mehr analoge Sichtbarkeit, als ihnen eigentlich zusteht. Alltagsrassismus und Fremdenfeindlichkeit habe ich bereits genannt, auch habitusgestützte Milieus. Ein besonders interessanter Fall ist die Geschlechterunterscheidung. Man kann sich soziologisch darüber wundern, warum die Unterscheidung von Männern und Frauen auch in Bereichen einen besonderen Strukturwert hat, in denen das Geschlecht keine Rolle spielt.

Bis heute ist völlig offen, warum in einer Gesellschaft, die in ihren Grundstrukturen nicht geschlechtlich codiert ist, die Unterscheidung von Männern und Frauen auch dort strukturbildend ist, wo es nicht um Männer oder Frauen geht. Ein überzogenes Konto, eine Wählerstimme, eine wissenschaftliche Erkenntnis, eine künstlerisch überzeugende Leistung, ein Bildungstitel, strafrechtliche Schuldfähigkeit, sogar die elterliche Sorge sind prinzipiell geschlechtsneutral gebaut. Aber all das wird geschlechtssensibel verarbeitet: Es spielt am Ende doch eine größere Rolle, als es müsste. Dies damit zu erklären, dass Männer das durchsetzen können, ist logisch insuffizient, weil man genau das ja erklären müsste. Und es schlicht damit zu erklären, dass es eben semantische Überschüsse sind, die sich da durchsetzen, ist wenig überzeugend – ebenso wenig überzeugend wie die permanente Dekonstruktion des Geschlechterunterschieds, die ihn dadurch erst recht sichtbar macht. Es liegt nahe, den Grund für die Persistenz des Geschlechterunterschieds in seiner analogen Sichtbarkeit zu sehen. Wohl keine andere Form der Weltverarbeitung ist so eindrücklich wie Wahrnehmung, man könnte fast sagen, dass es einen Vorrang der Sinnlichkeit vor der Sinnhaftigkeit gibt.[61] Auch Habitus von Milieus und Schichten, ethnische Identifizierungen und kulturelle Zurechnungen arbeiten mit einer Form der Sichtbarkeit, die mehr Analoges erzeugt, je weniger man hinsieht. Je weniger man hinsieht, desto genauer sind die Dinge zu sehen.

Die Formel, dass die Welt nur digital verstanden, aber analog gelebt werden muss, hat exakt mit der Frage zu tun, dass soziale Systeme sich stets so etwas wie eine analoge Benutzeroberfläche geben müssen, die Tiefenstruktur ihrer Operationsweise aber letztlich verborgen bleiben muss. Das gilt für alle

Funktionen und Intelligenzen der Gesellschaft, besonders aber für das politische System, das die Gesellschaft in der vereinfachten Form ihrer Steuerbarkeit darstellen muss, weswegen Politik sich stets in der paradoxen Situation befindet, auf komplexe Regelkreise einwirken zu sollen, zugleich aber analog verstehbar bleiben muss.

Die drei politischen Typen rechter, linker und konservativer Ideen zur Veränderung und Verbesserung der Welt sind solcher Art analoger Beschreibungen einer Welt, die sich in ihrer digitalen Komplexität fast allen kausalen Mechanismen entzieht.

Kausalität, so wissen wir schon aus der klassischen Bewusstseinsphilosophie, ist nicht das Prinzip der Welt, sondern nur ein Ordnungsprinzip, eine vereinfachte Darstellung einer komplexeren Wirklichkeit. Kausalverhältnisse zu kennen vereinfacht unsere Weltsicht – scheitert aber letztlich an der Komplexität der Welt.

Kleiner Exkurs in analogen und digitalen Terrorismus

Um dies zu verdeutlichen, lohnt sich womöglich ein Blick auf den Strukturwandel des Terrorismus. Die Strategie der RAF in den 1970er-Jahren war noch von der nicht nur bösen, sondern auch primitiven Idee bestimmt, dass man Repräsentanten des »Schweinesystems« gewissermaßen analog stellvertretend töten muss, um etwas an den Verhältnissen zu ändern. Man hatte die Vorstellung, dass sich mit der Ermordung dieser Repräsentanten die Kausalität von Verantwortlichkeit und Schuld analog darstellen lässt – und danach wurden auch die Mordopfer ausgesucht. Das ist eine Parabel darauf, dass sich meistens gar keine Position ausmachen lässt, deren Tod tatsächlich etwas ändern würde – selten sind die Verhältnisse so klar, wie sie eine Tötung Adolf Hitlers im Jahr 1944 zur Folge gehabt hätte, wobei danach die Komplexitätsprobleme erst begonnen hätten. An der Sinnlosigkeit der RAF-Morde, die auf konkrete »herrschende« Personen zielten, lässt sich viel über die Komplexität der modernen Gesellschaft lernen. Die RAF-Morde versuchten sich noch als Tyrannenmorde und sind gerade deshalb völlig sinnlos gewesen – böse, aber sinnlos. Es änderte sich gar nichts – im Gegenteil. Der Adressat des Terrors saß noch fester im Sattel als vorher, auch weil er auf den Zivilisationsbruch der Mörder zivilisiert reagiert hat – mit den differenzierten Mitteln eines Rechtsstaates. Gerade deshalb wollten die RAF-Mörder ihren eigenen Tod in Stammheim auch als Rache des Staates an ihnen inszenieren, weil nur ein seinerseits mordender Staat sie vor dem vernichtenden Urteil der Sinnlosigkeit ihres Tuns geschützt hätte.

Wie absurd das Modell des Tyrannenmordes in einer komplexen Gesellschaft ist, lässt sich an der Modernität der al-Qaida-Morde am 11. September 2001 ablesen – ebenso böse, aber zugleich modern in dem Sinne, dass man hier eher mit Resonanzen, mit Rückkopplungen, mit medialen Verstärkungen gerechnet hat und nicht mit analogen Verbindungen. Es war für diesen eher digitalen Terrorismus auch egal, wen man tötete, nicht egal war, wie viele und wo. Diese Opfer waren digitale Opfer – zufällig dort, wo sie waren. Nicht zufällig gewählt aber war der Resonanzraum Manhattan.

Technische Digitalisierung

Ein Kapitel über analoge und digitale Welten wäre unvollständig, wenn es nicht auf technische digitale Welten eingehen würde. Es gilt inzwischen als eine Binsenweisheit, dass sich radikale Umbrüche der Gesellschaft parallel zu Medienrevolutionen rekonstruieren lassen. Die Erfindung der Sprache kann als die gattungskonstituierende Revolution angesehen werden. Die Erfindung der Schrift hat es ermöglicht, Formen zu tradieren, ohne die Weitergabe an die konkrete Zeit und den konkreten Ort von Sprechern zu binden. Der Buchdruck hat es ermöglicht, sich die Gesellschaft als Lesepublikum vorzustellen, das einerseits durch gemeinsame Lesekanons und Bildungsstatuten vereinheitlicht, andererseits durch die Möglichkeit unterschiedlicher Lesarten intern differenziert wurde. Die Zeitung hat diese Synchronisation sowohl beschleunigt als auch die Gesamtinklusion von Bevölkerungen ermöglicht. Politisch, ästhetisch und kulturell ansprechbare Kollektive wären ohne die Zeitung nicht möglich gewesen. Das Radio hat diese Möglichkeiten noch erweitert und die Eindringlichkeit des Narrativen früherer Überlieferungsformen mit den modernen Möglichkeiten der Verbreitung kombiniert. Erst das Fernsehen hat dann für so etwas wie ein gemeinsames Bild der Gesellschaft gesorgt. Das Internet schließlich nutzt die Rekombinationstechniken des Computers und ermöglicht diversifizierte Such-, Lese- und Verbreitungsmethoden und setzt bidirektionale Medialität ins Werk.[62]

Jede dieser Medienrevolutionen ermöglichte neue Verarbeitungsregeln und -praktiken der Information, und jede dieser Revolutionen trug zur Digitalisierung der Welt bei, wenn man darunter verstehen möchte, dass sich der Abstand zwischen Zeichen und Bezeichnetem vergrößert. Die Schrift bewahrt im Vergleich zur Sprache viel größere Rekombinationsmöglichkeiten auf, die durch das Buch als Medium der zeitlichen Streckung und sozialen und räumlichen Vervielfältigung von Kommunikation noch vergrößert wurde. Wahrscheinlich ist die auf den Möglichkeiten des Computers aufbauende Digitalisierung der Welt in ihren Wirkungen auf die Gesellschaft ähnlich revolutionär, wie es der Buchdruck für die Entstehung der modernen Welt war.

Der Computer ermöglicht es, Daten miteinander zu rekombinieren, die nicht füreinander bestimmt waren, was nicht nur Kontroll- und Steuerungsmöglichkeiten erhöht, sondern die Kontrolle selbst zum Grundproblem macht. Die auf Schrift (Buch, Zeitung usw.) basierenden Verbreitungsmedien haben einen Überschuss an Kritikmöglichkeiten erzeugt. Das autoritative Sprechen wird gewissermaßen von der Situation gelöst und kann in Abwesenheit kritisiert werden. Die massenhafte Verbreitung der Heiligen Schrift hat nicht nur ihre Lesbarkeit gesteigert, sondern auch die Möglichkeit, bestimmte Lesarten zu kritisieren und auch dies zu verbreiten. Der Computer, so formuliert Dirk Baecker sehr treffend, erzeugt nun keinen Kritiküberschuss mehr, sondern einen *Kontrollüberschuss*.[63] Er ermöglicht es durch seine Fähigkeit der Rekombinierbarkeit von Unterschiedlichem, hinter der sichtbaren Realität Verbindungen zu finden, die Beobachter letztlich überfordern. Dabei ist dies nicht nur ein Quantitätsproblem. Es geht auch um die Erzeugung einer neuen Realität. Es lassen sich nun statistische Zusammenhänge, Wechselwirkungsprozesse und Strukturähnlichkeiten erzeugen, die erst für jene *digitalen* Welten sorgen, denen ihre *analogen* Bilder stets hinterherhinken. Die Kulturbedeutung des Computers besteht gewissermaßen darin, analoge

Realitäten auf Grundbestandteile hin aufzulösen und zu rekombinieren.

Es sollte schon mit diesen wenigen Formulierungen deutlich werden, dass in der Medienrevolution des Computers und damit der Rekombinationsmöglichkeit von Daten eine strukturelle Parallele zu einer Gesellschaft zu sehen ist, in der sich Kausalitäten und Zurechnungsmöglichkeiten nicht mehr mit den traditionellen analogen Formen bewerkstelligen lassen. Die Digitaltechnik lässt hinter der sichtbaren Realität einen Fundus an Zusammenhängen vermuten, der durch analoge Formen der Beobachtung nicht mehr einzuholen ist.

Diese Fähigkeit des Computers sowie die daraus erst resultierende Möglichkeit der technischen Vernetzung von Unterschiedlichem im Internet haben mindestens zwei Konjunkturen von öffentlichkeitswirksamen Beschreibungen erfahren. Bezogen aufs Internet reicht die Spanne von der Euphorie eines Howard Rheingold 1993, der eine neue demokratische Kultur in »virtuellen Gemeinschaften«[64] am Horizont sah, bis zu Sascha Lobos Klage, das Internet sei inzwischen kaputt, weil es all diese Verheißungen praktisch dementiert.[65] Grundtenor in der Reflexion des Internets ist aber auch in solchen Verlustdiagnosen nach wie vor das Rheingold'sche Motiv der Vergemeinschaftung und des *social network*, der Möglichkeit von Gegenöffentlichkeiten und des Zusammenbringens von Teilpublika, die ohne das Netz nicht erreichbar wären. Es ist letztlich ein Diskurs darüber, wie man den Vorteil schwacher Netzwerke ausnutzen kann: Das Netz bringt Leute zusammen, die sonst nicht zusammenkämen, und erzeugt dadurch adressierbare Räume, die andere Medien nicht in dieser Geschmeidigkeit herstellen können. Aus dem öffentlichen Raum der bürgerlichen Gesellschaft mit ihrem Wunsch nach dem einen legitimen Geschmack, der einen legitimen Lebensform, der einen sozialmoralischen Intuition und der Vereinheitlichung politischer Konfliktlinien entsteht ein *Pluralismuus von communities*, die sich operativ neu bilden und nicht mehr die Gesellschaft repräsentieren, sondern letztlich ihre je eigene Sphäre in thematischer, ästhetischer und sozialmoralischer Absicht.

Das Netz bringt aber nicht nur Leute zusammen, die sonst nicht zusammengefunden hätten, sondern es bringt Daten zusammen, die nicht füreinander bestimmt waren – letztlich wieder eine Differenz zwischen analogen und digitalen Welten: Dass (analoge) Leute sich finden, ist für jedermann nachvollziehbar; dass (digitale) Daten sich finden, ist abstrakt und unsichtbar – auch wenn es ganz und gar analoge *Leute* sind, die solche Datenrekombinationsmaschinen als funktionales Äquivalent der Dampfmaschine in der frühindustriellen Gesellschaft nun in der frühdigitalisierten Gesellschaft zu Geschäfts-, Wissens- und Politikmodellen machen.

Der Internetdiskurs hat bis vor Kurzem freilich nur die *Leute* gesehen, die hier zusammenkommen können – von Aktivisten erwartungsfroh und mit großem Vertrauen in neue Vergemeinschaftungs- und Demokratieformen gefeiert, von der akademischen Beobachtung des Internets mit einer gewissen Skepsis begleitet, aber doch auch an möglichen Chancen neuer Vergemeinschaftungsformen interessiert. Sozialwissenschaftliche Beobachter bleiben eben am Ende doch Anwälte einer besseren Welt, die sie sich vor allem als eine Welt mit hoher Konsensrate bei gleichzeitiger Diversifizierung von Möglichkeiten vorstellen. Was noch dazukommt, sind neue Praktiken, die das Private und Öffentliche, das Persönliche und das Sachliche in neuen Formen authentischer Gelegenheitskommunikation im Internet verschwimmen lassen – hin zu einer Netzwerkgesellschaft, in der wir anders leben können. Howard Rheingold spricht inzwischen von *Smart Mobs,*[66] die nicht nur *virtual communities* von Individuen sind, sondern auch kollaborative Systeme mit kollektiver Intelligenz werden können. Solche Diagnosen können sich die soziale Welt eben nur als eine Gemeinschaft von Leuten vorstellen und damit das Internet als einen Raum, in dem *Leute* rekombiniert werden, in dem also Leute zusammenkommen, die sonst nicht zusammenkommen. Das ist hübsch gedacht, zielt aber genau daran vorbei, was die Digitaltechnik geradezu erzwingt. Solche Diagnosen denken das Netz *analog*, nicht *digital*. Denn rekombinierbar sind eben nicht (nur) Leute, sondern vor allem Daten. Und das macht einen erheblichen Unterschied – vor allem, wenn »Leute« keine analogen Adressen mehr sind, sondern selbst zu digitalisierten und digitalisierbaren Daten werden.

Diese erste Beschreibungskonjunktur oszilliert zwischen Euphorie und Enttäuschung im Hinblick auf mögliche oder unmögliche Vergemeinschaftung. Die zweite dagegen stößt auf den Verfremdungs- und Kontrollaspekt der vernetzten Digitalwelt. Es ist die Kritik an *Big Data*: Big Data sei ein Herrschaftsinstrument, ermögliche totale Kontrolle, sei aber politisch unkontrollierbar und gefährde unsere informationelle Selbstbestimmung. In Big Data kulminiert womöglich der alte Traum ökonomischer und politischer Beobachter, all die Informationen zusammenzubekommen, die eigentlich nicht zusammengehören. Big Data ist für Datenanwender ein Tool, das es erlaubt, etwas zu finden, wonach man gar nicht gesucht hatte, und im Nachhinein zu wissen, was man hätte suchen können, hätte man nicht nur Daten, sondern Informationen. Big Data macht empirisch

Ernst mit der zuvor abstrakten Einsicht, dass Daten erst in bestimmten Anwendungskontexten und durch ihre Rekombination zu Informationen werden.

Big Data verändert die Suchroutinen und das Bild der Gesellschaft ihrer selbst. Und das geschieht nicht erst seit gestern, sondern schon länger, aber es wird jetzt zum Thema, weil es an den analogen Alltagserfahrungen von Usern ansetzt, die weit weg sind von Data-Mining-Strategien, Businesskonzepten und geheimdienstlicher Erkenntnisgewinnung. Sichtbar wird Big Data vor allem durch die merkwürdige Erfahrung, dass es durch die Praktiken der Bevölkerung selbst gespeist wird, vor allem jener Nutzer, die gar nicht wissen, dass sie sammeln und überall Spuren hinterlassen. Seit freilich diese Einsicht der fast völligen Unvermeidbarkeit, zu Big Data beizutragen, sichtbarer wird, kulminiert die Diskussion letztlich in einer konkreten Diagnose und Kritik: *Big Data gefährdet unsere Privatheit, unsere Privatsphäre, unsere persönliche Autonomie.*

Die Big-Data-Diskussion rechnet nicht mehr mit Kollektivitäten im Sinne sozialer Gruppen, und zwar spätestens seit man wissen kann, dass *social networks* nur an ihrer Benutzeroberfläche soziale Gruppen erzeugen, das Geschäftsmodell aber darin besteht, daraus Daten für *digitale Gruppenmatchings* zu erzeugen. Auch Big Data erzeugt Kollektivität – aber letztlich nur so etwas wie *collected collectivities*, also statistische und keine sozialen Gruppen. Soziale Gruppen sind auch im Internet *analoge* Phänomene, also sichtbar, deutlich adressierbar, identitätsstiftend, an natürlicher Sprache und Alltagspraktiken orientiert. Erst mit Big Data werden die Praktiken wirklich digitalisiert. Big Data macht aus analogen Anwendern *digitale* Phänomene, digitalisiert die Spuren analoger Praktiken – Bewegungsprofile auf

Straßen und im Netz, Kauf- und Freizeitverhalten, Teilnahme an *social networks* usw. – in der Weise, dass zum einen Daten rekombiniert werden können, die gar nicht für eine konkrete Rekombination gesammelt wurden. Zum anderen entstehen dadurch *statistische Gruppen*, die in der analogen Welt so gar nicht vorkommen – etwa potenzielle Käufer bestimmter Produkte, Verdächtige in Rasterfahndungen oder gesundheits- und kreditbezogene Risikogruppen. Hier dreht sich nun die Argumentationsrichtung um. Big Data ist das, was das Unsichtbare am *social networking* im Internet abschöpft – lebte dies noch von dem Traum, Ressourcen privat-authentischer Kommunikation in öffentliche Kommunikation zu speisen und aus Gesellschaft wieder mehr Gemeinschaft zu machen, dringt nun das Netz umgekehrt von außen in die Privatsphäre ein – wo es nichts zu suchen hat, es aber viel zu finden gibt.

Man kann in solchem Monitoring der Gesellschaft durch Auslesen vielfältiger sichtbarer und unsichtbarer Sensoren ein Charakteristikum der »neoliberalen Gesellschaft« sehen, wie es etwa der Philosoph Byung Chul Han formuliert, für den Big-Data-Techniken die Grundlage für eine neue »Psychopolitik« sind, die den Menschen zu permanenten Selbsttechniken zwingt.[67] Diese Diagnose steht in der Tradition von Michel Foucaults Spätwerk, in dem dieser nicht mehr in erster Linie von Körper- und Biotechniken beziehungsweise von Biopolitik spricht, sondern »Technologien des Selbst« rekonstruiert, in denen so etwas wie eine Versöhnung von Wollen und Sollen durch das Selbst erfolgt, also die vollständige Übersetzung von Außen- in Innenkontrolle.[68]

Der Verzicht auf unmittelbare Kontrolle des privaten Lebens war seit dem 18./19. Jahrhundert für den Staat und für die Öffentlichkeit nur möglich, weil man es mit einem Personal zu tun hatte, das durch entsprechende Asymmetrien zwischen paternalistischen Normalisierungsagenten – Ärzten, Lehrern, Militärs, Sozial-, Stadt- und Hygieneplanern, Polizei und Gerichten – und ihren Klienten so etwas wie einen selbstkontrollierten Menschen hervorgebracht hat, der in der Privatheit die erlernte Selbstkontrolle fortführte, aber auch eine gewisse Fluchtmöglichkeit fand – die Gleichzeitigkeit von Prüderie und sexuellen Perversionen mag dafür ein Indiz sein. Wenn sich etwa der Sozialphysiker Adolphe Quetelet, einer der Ersten, die statistische Verfahren auf die Gesellschaft angewandt haben, im 19. Jahrhundert darüber wundert, wie regelmäßig sich die Menschen verhalten, etwa wenn es ums Heiratsverhalten geht, dann ist das bereits das Ergebnis einer Normalisierungsstrategie, die zugleich auch Ausdruck einer starken Normativität ist. Quetelet hat Abweichungen von der Normalverteilung als Störung aufgefasst und war letztlich fasziniert von einem *homme moyen*, einem Mittelwertmenschen, den man entsprechend berechnen kann und der zugleich die Grundlage für all jene Praktiken bildet, in denen die Menschen als selbstverantwortliche Individuen geformt werden.[69] Womöglich ist das Gewissen auch ein Resultat jener normativen Vorgabe eines »normalen« Lebens, das Experten und Professionelle mit Hilfe der Daten im *homme moyen* bereitstellen konnten.[70]

Freilich unterscheiden sich die heutigen Big-Data-Strategien von den klassischen seit der Sozialphysik und der Sozialstatistik des 19. Jahrhunderts. Hatten diese Strategien den *homme moyen* und damit eine gewissermaßen überindividuelle normative Struktur im Blick, sind neue Big-Data-Strategien an Einzelfällen beziehungsweise Sondergruppen interessiert. Denkt man etwa an Dienstleister, die mithilfe von Big Data die Kreditwürdigkeit von potenziellen Bankkunden untersuchen, dann geht es nicht um Mittelwerte oder Benchmarks, sondern um die *Individualisierung von Informationen*. Aus Daten über bisheriges Konsumverhalten, Zahlungsmoral, aber auch über die Netzwerke und Kontakte von Personen, über Verbindungsdaten, über Informationen über den Lebenswandel, inklusive womöglich das Gesundheitsverhalten, wird ein Profil einer Person erstellt, das dazu dient, seine Kreditwürdigkeit einzuschätzen.

In dieser Matrix hinterlässt eine typische Alltagspraxis in unserer Gesellschaft fast unvermeidlich Daten. Wer eine Kreditkarte besitzt, ist in seinem Zahlungsverhalten rekonstruierbar; wer mit einem Automobil über Autobahnen fährt, wird gescannt und gespeichert; wer sich auf Flughäfen oder Bahnhöfen aufhält, wird das potenzielle Objekt von Gesichtserkennungssoftware; wer ein Mobiltelefon besitzt, hinterlässt Verbindungsdaten und Bewegungsprofile usw. Man könnte fast sagen, dass unsere gesamte Gesellschaft von Aufzeichnungsapparaten durchzogen ist – und das seit dem 19. Jahrhundert. Inzwischen wird aber ohne konkrete Fragestellung aufgezeichnet. Die Vorratsdatenspeicherung ist erst der zweite Schritt – wir haben zunächst eine *Vorratsdatenerhebung*, die die Ressource für neue Fragestellungen in sich trägt. Diese Fragen werden erst später vom Anwender entwickelt und durch Rekombination von voneinander unabhängigen Daten erzeugt – etwa von staatlichen Instanzen der Terrorabwehr, was fast jede Überwachungspraktik zu legitimieren scheint. Gerade weil nicht mit konkreten Intentionen und Fragestellungen erhoben, gescannt und gespeichert wird, sind die gesammelten Daten eine lukrative Ware für diejenigen, die ganz andere Fragen haben.

Mit Big-Data-Techniken entsteht ein völlig neuer Umgang mit der Komplexität der Gesellschaft. Die Sensorik, die erst ausreichend *big* Daten anfallen lässt, ermöglicht eine besondere Form der Mustererkennung, also letztlich eine digitale Form der Wahrnehmung. Hatte ich Wahrnehmung zuvor vor allem der analogen Informationsverarbeitung zugeschlagen, wird nun deutlich, dass mit der technischen Digitalisierung eine sensorikgestützte Form der Mustererkennung eine völlig neue Form der Welterfassung erzeugt, die in unterschiedlichen Bereichen der Gesellschaft von Bedeutung ist. Vielleicht ist dies sogar die nächste Stufe einer Medienrevolution, die zu einer weiteren Rekombinatorik von Daten führt, die zwischen Massendaten und Einzelfall vermittelt.

Anwendungsgebiete reichen von der Marktforschung und dem Marketing, der Wahlbeobachtung und Manipulation bis hin zu Verkehrsforschung, Evolutionsforschung oder medizinischer Forschung. Das Verhalten von Gruppen und Individuen kann hiermit ebenso erfasst werden wie die Dynamik instabiler Systeme von der Kleingruppenforschung bis zum Weltklima. Die Aufzählung und Andeutung dieser Anwendungsgebiete zeigt schon, dass hier die unterschiedlichsten Akteure mit den unterschiedlichsten Zielen anschließen können und Daten deshalb tatsächlich zu einem wertvollen Gut werden. Dass die Möglichkeiten sowohl sehr segensreich als auch hochproblematisch sein können, ist mit den angedeuteten Beispielen ebenfalls bereits deutlich zu machen.

Mir kommt es nicht darauf an, dies hier im Einzelnen zu diskutieren, sondern nur noch einmal auf meine These hinzuweisen, dass die moderne, komplexe Gesellschaft bereits sui generis eine digitalisierte beziehungsweise digitalisierbare Gesellschaft ist und die dazugehörige Technik sich dieser Struktur letztlich nur bemächtigt – und wie jede Medienrevolution zunächst Anpassungsprobleme und Unbehagen erzeugt. Der *Kontrollüberschuss*, von dem Dirk Baecker spricht, wird als Unbehagen darüber erlebt, dass Kritik an unangemessener Kontrolle keinen Adressaten mehr kennt. Man kann das als eine Radikalisierung der hier beschriebenen *sozialen Digitalisierung* begreifen.

Fünftes Kapitel / **It's the society, stupid!** / Ökonomisierung als Metapher gesellschaftlicher Komplexität

It's the economy, stupid! – diese Formel ist zu einem geflügelten Wort geworden. Sie hört sich wie eine minimalistische Kurzform des marxistischen Denkens an. Die Ökonomie, das sei die Basis des Gesellschaftlichen, der Boden aller gesellschaftlichen Horizonte, der Schlüssel zum Verständnis aller Konflikte und Interessen. *It's the economy, stupid!* ist letztlich eine Formel, die den Geist der klassischen Kapitalismuskritik atmet. Aber klassische Kapitalismuskritik ist sie wahrlich nicht – sie stammt aus der Wahlkampagne von Bill Clinton aus dem Jahre 1992, wurde aber danach zu einer Formel, die die Basis-Überbau-Metapher modernisiert hat: *Ihr könnt über alles Mögliche reden, über Konflikte und Interessendifferenzen, über politische Konzepte und Stilfragen, über Lösungsmöglichkeiten usw., aber am Ende bleibt alles eine Frage der Ökonomie, also der Produktion und Verteilung knapper Güter und der sozialen Gerechtigkeit.*

Da ist etwas dran – denn dass gesellschaftliche Auseinandersetzungen stets mit Verteilungsproblemen zu tun haben, ist irgendwie trivial. Nicht trivial freilich ist die Frage, ob sich diese Fragen ausschließlich ökonomisch erklären lassen. Ich habe oben mit der Metapher der *verteilten Intelligenz* gezeigt, dass moderne

Gesellschaften vor allem deshalb in der uns bekannten Weise dynamisch und unübersichtlich werden, weil die jeweiligen Intelligenzen und Logiken sich wechselseitig kaum zu kontrollieren in der Lage sind und nach je eigenen Zugzwängen reagieren. Die Folge ist eine Gesellschaft von ungeheurer Dynamik, die das Bild eines nur indirekt steuerbaren Systems vermittelt. Ich habe dafür das Bild analoger und digitaler Welten gewählt.

Man kann die ungeheure Dynamik der Ökonomie und des Kapitalismus nur verstehen, wenn man nicht die Gesellschaft von der Struktur ihrer Ökonomie her erklärt, sondern umgekehrt die ökonomische Dynamik von der gesellschaftlichen Komplexität her. Wenn nämlich stimmt, was ich bis hierher entwickelt habe, dass die Ökonomie ihre Optionssteigerungen parallel zu denen anderer nur lose gekoppelter Logiken entwickelt hat und dass es die gesellschaftliche Struktur war, die zu diesen Optionssteigerungen geführt hat – dann ist der Kapitalismus eine Folge der gesellschaftlichen Komplexität. Ich meine damit, dass ein rein auf dem, wie Karl Marx es richtig formuliert hat, Prinzip der grenzenlosen Akkumulation beruhendes Wirtschaftssystem nur entstehen konnte, weil die Gesellschaft jene Form *verteilter Intelligenz* angenommen hat.

Kapitalismus heißt: wirtschaften um des *wirtschaftlichen* Gewinns willen – selbst wenn individuelle Motive des Wirtschaftens ganz und gar außerökonomischer Natur sein mögen. Man muss das Ökonomische übrigens strikt vom Unternehmerischen unterscheiden – das Unternehmerische ist eine Problemlösungsperspektive, die die ökonomische Logik in Anspruch nimmt, aber nicht im Ökonomischen aufgeht.

Das Ökonomische ist nur eine der unterschiedlichen Logiken und Kontexte der Gesellschaft. Eine solche Ökonomie mit einem hohen Entfesselungs- und Kreativitätspotenzial, zugleich aber auch mit einer Dynamik, deren Erfolgsbedingungen eben nicht von den gesellschaftlichen Folgen des Wirtschaftens abhängig sind, ist ein *gesellschaftliches* Phänomen – eine unmittelbare Folge der Tatsache, dass sich daneben politische, rechtliche, wissenschaftliche, ästhetische, religiöse und mediale Funktionen und Logiken abgekoppelt haben und sich wechselseitig jene Dynamik erlauben, die die Moderne so janusköpfig macht: großartig in ihren Potenzialen, bisweilen zerstörerisch in ihren Folgen.

Wer von Krisen redet, redet zumeist über ökonomische Krisen. Warum aber kulminieren Krisendiagnosen vor allem im Ökonomischen? Warum ist die Diagnose der Ökonomisierung der Gesellschaft, der Ökonomisierung von dem Wesen nach nicht ökonomischen Abläufen, der Dominanz der ökonomischen Logik vor allen anderen Logiken der Gesellschaft so plausibel und nahezu unwidersprochen? Worum es mir in diesem Kapitel geht, ist nun keineswegs eine Verteidigung oder Widerlegung dieser Diagnose – schon weil ich davon überzeugt bin, dass es eine Durchökonomisierung der Gesellschaft durchaus gibt. Es geht mir darum, zu zeigen, dass sie erheblich zu kurz greift. Denn man könnte genauso gut von einer völligen Politisierung und Juridifizierung, von einer Verwissenschaftlichung oder Mediatisierung der Gesellschaft sprechen – und dies durchaus als Krisendiagnosen ausweisen, zumal die in Abgrenzung zu einer sozialistischen Form vorgenommene Charakterisierung als Kapitalismus eher an einer politischen Unterscheidung, also an der Frage ansetzt, wie man sich die Einwirkung auf wirtschaftliche Dynamiken aus der Perspektive des politischen Systems vorzustellen habe. Womöglich geraten bei einer solchen Diagnose genuine Perspektiven auf die Wirtschaft selbst sogar aus dem

Blick. Ich beginne deshalb mit einer Intuition darüber, warum die Diagnose der Ökonomisierung so plausibel erscheint und warum diese Diagnose womöglich ein zu einfacher Blick für eine angemessene Beschreibung von gesellschaftlicher Komplexität ist.

Eine Intuition: Rationalität und Transparenz

Meine Intuition besteht darin, dass sich in unserem Bild des Ökonomischen das Beobachtungsproblem der modernen Gesellschaft nachgerade ästhetisch abbildet. Oder anders ausgedrückt: *Das Ökonomische ist in seiner Dynamik und Unübersichtlichkeit eine Parabel auf die Komplexität der modernen Gesellschaft*. Und deshalb scheint es so plausibel zu sein, die Gesellschaft von der Ökonomie her zu erklären statt umgekehrt. Es muss also heißen: *It's the society, stupid!*

Das Ökonomische verbindet zwei Grunderfahrungen, die wir bei der Beobachtung der modernen Welt machen: *Rationalität und Intransparenz*. Diese beiden Grunderfahrungen scheinen sich auf den ersten Blick zu widersprechen – aber mit dem Ökonomischen verbinden wir tatsächlich eine Idee von Rationalität. Schon die Möglichkeit der Quantifizierung von Werten, von Risiken und Ergebnissen, die eine geldwirtschaftliche Ökonomie mit sich bringt, atmet einen rationalen Geist. Man hält ökonomische Daten für harte Fakten. Sogar der Wert des Geldes und der Geldwert der Waren und Dienstleistungen, obwohl freitragend und von komplexen Prozessen abhängig, lassen sich in Preisen ausdrücken, die mehr Objektivität ausdrücken, als sie haben. Die Plausibilität von Investitionsentscheidungen – ob von privaten Endverbrauchern oder Unternehmen und Staaten –

soll mathematisierbar sein, kalkulierbar und mit guten Gründen versehen. Nicht umsonst ist in der Philosophie und in den Sozialwissenschaften die Idee des *rationalen Akteurs* im Kontext des *homo oeconomicus* entstanden. Wirtschaftliches Handeln gilt erstaunlicherweise als rationales Handeln, obwohl es sich gerade bei ökonomischen Entscheidungen um Entscheidungen unter Unsicherheitsbedingungen handelt. Zwar wird inzwischen gezeigt, wie wenig sich solche Entscheidungen rationalen Erwägungen verdanken, sondern stets eine gehörige Portion Kontingenz und Irrationalität enthalten. »Bauchentscheidungen« und »Intuition« werden inzwischen als die womöglich rationaleren Entscheidungen promoviert – Gerd Gigerenzer hat dazu äußerst spannende Studien vorgelegt.[71] Aber an der objektiven Datenlage ändert das nichts.

Die Ergebnisse des Ökonomischen und die Bedingungen und Maßzahlen des Erfolgs sind eindeutig, transparent und tatsächlich von jener Art von Faktizität, die man *hart* nennen kann. Zumindest dies ist von einer stupenden Rationalität und Transparenz. Ergebnisse in ökonomischen Fragen sind eindeutig und bieten Halt. Aus der Perspektive ökonomischer Akteure, man könnte sagen: aus betriebswirtschaftlicher oder aus Haushaltsperspektive haben wir es stets mit der harten Realität wenig interpretationsbedürftiger Ergebnisse zu tun.

Die wirtschaftliche Dynamik selbst aber ist geprägt von Haltlosigkeit. Die begrenzte Sicht aus Entscheiderperspektive findet Halt in den eigenen Grenzen. Wie sich aber »die Wirtschaft« entwickelt, was zu Stabilität führt, was Dynamik ermöglicht, welche Verteilungsfolgen und Konjunktureffekte bestimmte Dynamiken haben, wie sich Stimmungen und Informationen auswirken, wie Gleichgewichte ermöglicht und Schieflagen vermieden werden können – all das scheint eher intransparent zu bleiben. Nun könnte man einwenden, dass das leicht von jemandem gesagt werden kann, der nachweislich nur wenig Expertise auf diesem Gebiet hat – aber wenn man die öffentliche Diskussion etwa im Umgang mit ökonomischen Krisen beobachtet, fällt zweierlei auf: Krisen werden erstens selten vorausgesagt, und zweitens ist man sich bei der nachträglichen Interpretation ebenso wenig einig. War es zu viel staatliche Intervention oder zu wenig? Muss man angebots- oder nachfrageorientiert steuern? Sind staatliche Investitionsprogramme sinnvoll oder nicht? Wie verhält es sich mit der Zinspolitik? Soll man das Geld billiger machen, um Investitionen zu ermöglichen? Hilft die Flexibilisierung des Arbeitsmarktes? Und vor allem: wem? Ist eine expansive Geldpolitik eher sinnvoll oder nicht?

Diese und weitere Fragen, die sich in geordneter und kalkulierbarer Geschwindigkeit wiederholen und nach jeweils wirtschaftspolitischen und wirtschaftstheoretischen Geschmacksurteilen beantwortet werden, lese ich als Hinweis darauf, dass es sich beim Wirtschaftssystem um ein dynamisches System handelt, das durch seine auf individuelle Spieler ausgerichtete emergente Strukturbildung so viele Vernetzungen, Rückkopplungen, Wechselseitigkeiten, Interferenzen und Resonanzen erzeugt, dass jeglicher Halt verloren geht. Das System überfordert jeglichen Beobachter, weil es von Wirkkräften bestimmt wird, die kaum überschaubar sind – exakt das ist es, was mit dem Begriff der Komplexität gemeint war.[72]

Gerade deshalb sind Beobachtungen des Wirtschaftssystems dann besonders beliebt, wenn sie eine konkrete Formel anbieten – den Erfolg von Thomas Pikettys Buch *Das Kapital im 21. Jahrhundert*[73] kann man wahrscheinlich nur verstehen, wenn man es als Literatur liest. Das Buch besteht zum größten Teil aus sehr informativen narrativen Rekonstruktionen der im Laufe der Modernisierung des Wirtschaftssystems zustande gekommenen Kapitalakkumulation und möchte die Frage beantworten, warum Kapital sich an wenigen Stellen konzentriert und dadurch soziale Ungleichheit steigt. Ein Trend zu mehr Chancengleichheit und zu einer eher meritokratischen Ökonomie ist für Piketty eine Schimäre. Die Plausibilität des Buches freilich liegt darin, eine Formel präsentieren zu können, die die gesamte Komplexität der Narration aufhebt: $r > g$.

Dies bedeutet: Die durchschnittliche Kapitalrendite (r) ist dauerhaft höher als das Wirtschaftswachstum (g), was automatisch dazu führen muss, dass Vermögen schneller wachsen als die Gesamtleistung der Wirtschaft. Innerhalb der akademischen Ökonomie ist das Buch stark kritisiert worden – so setze Piketty die Sparquote mit der Kapitalertragsquote gleich und unterschlage, dass die Vermögen auch ausgegeben, verbraucht und geteilt werden, wenn sie entweder reinvestiert oder an die nächste Generation weitergegeben werden. Der Harvard-Ökonom Martin Feldstein schreibt zu Piketty lapidar im *Wall Street Journal*: »His conclusion about ever-increasing inequality could be correct if people lived forever. But they don't.«[74] Ähnlich äußern sich auch deutsche Ökonomen wie Hans-Werner Sinn oder Peter Bofinger.[75] Es ist mir nicht darum zu tun, dies ökonomisch zu beurteilen – auch wenn mir die Kritik an Piketty durchaus einleuchtet, weil sie gerade die unübersichtliche Dynamik des Wirtschaftssystems in Rechnung stellt. Und doch kann man an der enormen sozialen Ungleichheit und an der Konzentration von Vermögen in wenigen Händen kaum vorbeisehen – so besitzt das reichste Prozent der Weltbevölkerung circa

40 Prozent des gesamten Weltvermögens, und die reichsten zehn Prozent besitzen mehr als 80 Prozent des Weltvermögens.[76] Und selbst wenn man in Rechnung stellt, dass diese ökonomische Dynamik zwar den Abstand zwischen den niedrigsten und den höchsten Einkommen radikal erhöht, so ist kaum zu übersehen, dass sich damit zugleich der Lebensstandard der unteren Einkommensschichten substanziell erhöht hat. Die wirtschaftspolitischen Konzepte freilich stellen sich vor allem an der Frage scharf, die Steuern zu erhöhen – was in diesem Fall wohl zu kurz gegriffen ist, da die Steuersysteme von Industrieländern Erträge aus Arbeit und aus Kapitel immer noch ungleich behandeln, was auch ein Effekt dessen ist, dass Arbeit eher lokal geschieht, während der Finanzmarkt globalisiert ist. Oder aber es wird vor ökonomischen Folgen von Steuererhöhungen gewarnt, zugleich aber auch höhere Staatsverschuldung kritisiert, wie etwa von Carmen Reinhart und Kenneth Rogoff im Jahre 2010 in einer heftig diskutierten und kritisierten Studie.[77]

Was immer das ökonomisch bedeutet und wie immer man diese Dynamik trotz des Selbstverständnisses wenigstens westlicher Gesellschaften als meritokratische Systeme einschätzt, die Rückrechnung auf eine Kurzformel scheint deshalb so attraktiv zu sein, weil sie das Problem in extremer Weise beobachtbar macht: $r > g$ – ein geradezu ästhetisch gelungener Protest gegen Komplexität und ihre Beschreibung, die auf den ersten Blick stets so aussieht, als wolle man die erstaunliche Dynamik und ihre Folgen entweder für etwas Naturnotwendiges halten oder sie legitimieren.

Ich hoffe, meine Intuition ist deutlich geworden. Die Wirtschaft, das Wirtschaftssystem, die wirtschaftliche Dynamik, das von Marx so genannte Prinzip der unbegrenzten Akkumulation, wirkt wie eine Parabel auf die Komplexität der Gesellschaft. Ich habe im vorigen Kapitel zu zeigen versucht, wie wir uns angesichts dieser Komplexität der Gesellschaft und ihrer digitalen Gestalt in analogen Bildern und Welten einrichten. Probleme der Komplexität, die stets Probleme überforderter Beobachtungsverhältnisse sind, sollen dadurch kalkulierbarer gemacht werden – und wenn es nur der besseren Beschreibbarkeit dient. In der Ökonomie dagegen wird diese Nichtbeobachtbarkeit und Unübersichtlichkeit besonders sichtbar. Und dies, so meine Annahme, macht die Diagnose der Ökonomisierung der Gesellschaft so plausibel, weil sie ein diffuses Gefühl jener Diagnose vermittelt, die ich ausführlich als Komplexitätsdiagnose diskutiert habe. Dieses diffuse Gefühl ist ein Gefühl der Haltlosigkeit – also ein Gefühl, die Misere nicht recht auf den Begriff bringen zu können, was die Überforderung der Beobachtung wiederum bestätigt.

Der Soziologe Niklas Luhmann spricht von »haltloser Komplexität« – und meint: Je komplexer eine Situation erscheint, desto weniger Halt finden Beschreibungen dieser Situation und desto plausibler wird es dann, die Überforderung der Beobachtung mit Komplexität zu erklären. »Der Begriff selbst«, schreibt Luhmann, »verliert damit jede Form und lässt sich schließlich nur noch als Seufzer verwenden.«[78] Vielleicht ist die Ökonomisierungsdiagnose ein solcher Seufzer, der das Krisenhafte und die Strukturprobleme der Gesellschaft womöglich sogar unterschätzt.

Ökonomischer Eigensinn

Wenn wir von der Krise reden und Krisendiagnosen stellen, meinen wir nachgerade automatisch ökonomische Krisen, nicht einfach eine Krise der Distribution knapper Güter, sondern eine dem Ökonomischen unvermeidlich inhärente Krise. Zumeist ist gemeint: Nicht der Kapitalismus ist in der Krise, sondern der Kapitalismus *sei selbst* die Krise – wir kennen diesen Gedanken schon von den Diagnosen von Meinhard Miegel und Ulrich Brand, die beide letztlich die innere Dynamik des Kapitalismus selbst für sein Scheitern verantwortlich machen. Die Diagnose lautet: Es ist der *Erfolg* des Kapitalismus, der sein Scheitern bereits in sich birgt. Dieses Motiv kann man fast den Nukleus von Gesellschaftsdiagnosen nennen, einen Nukleus, der seit Ende des 19. Jahrhunderts bis heute Bestand hat und im deutschsprachigen Raum mit den beiden wirkmächtigsten sozialwissenschaftlichen Autoren verknüpft ist, nämlich mit Karl Marx und Max Weber.

Marx hat mit seiner Beschreibung der Kreislaufform des Profits um des Profits willen beschrieben, wie der unbändige Erfolg des Kapitalismus ihn seinerseits in eine Schieflage bringt. Er hat die Kreativität des Kapitalismus dahin gehend bewundert, dass dieser es vermochte, durch die Entfaltung der Produktivkräfte die Gesellschaft von den Fesseln traditioneller Grenzen zu befreien – die am meisten zitierte Sequenz aus dem *Manifest der Kommunistischen Partei* lautet, alles Ständische und Stehende verdampfe, alles Heilige werde entweiht, und die Menschen seien endlich gezwungen, ihre Lebensstellung, ihre gegenseitigen Beziehungen mit nüchternen Augen anzusehen.[79] Nüchtern betrachtet ist der Kapitalismus in diesem Verständnis der Grund für die totale Versachlichung aller Beziehungen und die Entfremdung des Produzenten von seinem Produkt, wodurch die Klassenspannung so groß werde, dass sich die Antinomien des Systems nicht mehr stabil halten können.

Max Weber beschreibt anders, aber mit ähnlichen Konsequenzen. Er hat die »Schicksalsmacht« des okzidentalen Kapitalismus in seinen kulturellen Bedingungen rekonstruiert und die These vertreten, dass bestimmte protestantische Motive erst jene Mentalität der Versachlichung sozialer Beziehungen hervorgebracht haben, die für den modernen Betriebskapitalismus bestimmend sind. Er meinte, dass der okzidentale Kapitalismus in seiner Motivstruktur zunächst durch religiöse Motive, etwa auch die Luther'sche Berufskonzeption, ermöglicht wurde, wobei der Kapitalismus auf diese Motive irgendwann verzichten konnte. Er beschreibt den Kapitalismus also als ein System, das sich durch seine eigene Dynamik und seinen eigenen Erfolg verselbständigt und damit jener sinnhaften Motive verlustig geht, die den Puritaner und den Calvinisten Berufsmensch sein lassen *wollten*, während man später nur noch *musste*, als die religiösen Motive verschwunden waren. Webers geradezu schwarze Diagnose des »Fachmenschen ohne Geist« und des »Genussmenschen ohne Herz« ist unmittelbar mit seiner Analyse des Kapitalismus als einer Schicksalsmacht verknüpft, die das erste Mal in der Geschichte eine Lebensform hervorbringt, in der es den Menschen nicht mehr gelingt, die Welt als einen sinnvoll geordneten Kosmos anzusehen.

Mir kommt es hier nicht darauf an, die Stichhaltigkeit der beiden Thesen zu prüfen, sondern auf die Beobachtung, dass beide Diagnosen ein Motiv enthalten, das auch heute noch einige Plausibilität zu haben scheint. Dieses Motiv könnte man als den Eigensinn oder die Eigengesetzlichkeit des Kapitalismus bezeichnen. Beide Diagnosen gehen davon aus, dass es die wirtschaftliche Dynamik selbst ist, die für ihre Schieflage sorgt. Marx spricht von einer der kapitalistischen Ökonomie inhärenten Tendenz, ihre eigenen Grundlagen infrage zu stellen, und zwar so, dass der Mensch sich durch seine lebendige Arbeit, die ihn erst zum Gattungswesen macht, von sich und den Produkten seiner Arbeit entfremdet.[80] Als *entfremdete Arbeit* aber entreißt Arbeit dem Menschen nichts weniger als sein Gattungsleben. Sie ist nicht einfach zu schlecht bezahlte Arbeit: »Eine gewaltsame *Erhöhung des Arbeitslohns* [...] wäre also nichts als eine bessere *Salairung der Sklaven* und hätte weder dem Arbeiter noch der Arbeit ihre menschliche Bestimmung und Würde erobert.«[81] Und geradezu im Vorgriff auf und gegen den real existiert habenden Sozialismus fügt Marx an, dass selbst eine »Gleichheit aller Salaire« nichts an der strukturellen Entfremdung ändern würde, es würde nur »die Gesellschaft« als »abstrakter Kapitalist« gefasst.

Und bei Weber kann man lesen: »Der versachlichte ökonomische Kosmos, also gerade die rational höchste Form der für jede innerweltliche Kultur unentbehrlichen materiellen Güterversorgung, war ein Gebilde, dem die Lieblosigkeit von der Wurzel aus anhaftete.«[82] Lieblosigkeit ist eine Metapher, die auf etwas Ähnliches wie Entfremdung abstellt – darauf, dass sich der ökonomische Kosmos verselbständigt hat und von den Motiven der Produzenten unabhängig wird.

In diesen beiden Denkformen findet sich deutlich jenes Motiv, auf das ich hinauswill: Die Sphäre der Ökonomie findet ihren einzigen Ankerpunkt, ihre einzige Erfolgsbedingung, ihren Sinn ausschließlich als *Eigensinn*. Die ökonomische Dynamik als

»Schicksalsmacht«, wie Weber sich ausdrückt, ist eine Macht, die sich verselbständigt und sich der Steuerung entzieht und paradoxe Folgen hat. Dem Kapitalismus ist das Krisenhafte inhärent, weil es sich wegen seines Eigensinns jeglichem Zugriff zu entziehen scheint – obwohl doch die konkrete ökonomische Transaktion stets einer individuellen Handlung zugerechnet wird.

Übrigens findet sich diese Denkfigur des verborgen bleibenden Eigensinns nicht nur aus kapitalismuskritischer Perspektive (wenn man Weber zu den Kapitalismuskritikern zählen will). Der große Antipode zu Marx' Krisendiagnose des Kapitalismus ist Adam Smith, der gerade in der kapitalistischen Mentalität des Eigeninteresses einen Mechanismus entdecken wollte, der dem Wohl aller dient. Adam Smiths Lob des Egoismus zielte auf eine paradoxe Wirkung des Egoismus, also darauf, dass der Wohlstand dadurch wächst, dass Menschen aus Eigeninteresse das tun, was anderen nützen kann. Ebenso berühmt wie Marx' Zitat über das Verdampfen alles Bestehenden ist Smiths Charakterisierung des Egoismus in dieser Formulierung: »Nicht vom Wohlwollen des Metzgers, Brauers und Bäckers erwarten wir das, was wir zum Essen brauchen, sondern davon, dass sie ihre eigenen Interessen wahrnehmen. Wir wenden uns nicht an ihre Menschen-, sondern an ihre Eigenliebe, und wir erwähnen nicht die eigenen Bedürfnisse, sondern sprechen von ihrem Vorteil.«[83] Aus ihrem jeweiligen Vorteil aber entstehe erst der Vorteil aller – nur wenn individuelle Anreize etwa für einen Bäcker möglich seien, so das Argument, werde dieser überhaupt Motive entwickeln, Brot zu backen und so für die Versorgung der Bevölkerung zu sorgen. Und es sei nur das je individuelle Kalkül, in einer Situation des Wettbewerbs so für eine Preisentwicklung zu sorgen, dass das Brot auch auf einem Markt angeboten werden kann. Es gehört also zu den ureigensten Motiven des Bäckers, den Brotpreis nur so hoch anzusetzen, dass man das Brot auch kaufen kann, wie es auch zu seinen ureigensten Interessen gehört, dass die Gewinnspanne dennoch so groß wie möglich ist. Erst das Zusammenspiel zwischen unterschiedlichen Marktsegmenten – Rohstoffmärkte, Arbeitsmärkte, Absatzmärkte usw. – führt zu einem Gleichgewicht, von dem alle profitieren können und das sich gewissermaßen aus sich selbst heraus einstellt.

Auch hier also: eine Diagnose des Eigensinns des Ökonomischen. Wie bei Weber und Marx wird auch hier die Plausibilität des Ökonomischen so beschrieben, dass es ein dynamisches, zustandsdeterminiertes, in seiner eigenen Logik gefangenes System ist, das seine Zustände seiner wechselseitigen Dynamik verdankt, nicht einer wie auch immer gearteten Form von Planung oder Organisation. Die wirtschaftliche Dynamik entwickelt sich aus sich selbst heraus – und in kapitalismuskritischen Varianten beobachtet man dann eine Abwärtsspirale dieser Eigendynamik ganz nach dem Typus des tendenziellen Falls der Profitrate, in wachstumskritischen Varianten eine Art tendenziellen Verbrauchs der Bedingungen der Ökonomie durch sie selbst, unaufhaltsam und in der eigenen Dynamik gefangen.

Eine dynamische Ökonomie der Zeit

In der ökonomischen Klassik steht die Metapher der »unsichtbaren Hand« für den Eigensinn des Ökonomischen. Die Metapher der unsichtbaren Hand, die Adam Smith in seinem Werk nur an sehr wenigen Stellen gebraucht, hatte die Funktion, Vertrauen in die ungeplante Praxis des Ökonomischen entwickeln zu können. Die unsichtbare Hand hat gewissermaßen eine Brückenfunktion zwischen den eigentlichen Intentionen individueller Marktteilnehmer (Eigeninteresse) und den nicht in dieser Intention vorzufindenden Folgen (Wohlfahrt).

Die unsichtbare Hand war jener Ordnungsfaktor, der sich *von selbst* einstellen sollte, damit man das Wirtschaften von den Motiven der ökonomischen Akteure unabhängig machen kann. Niklas Luhmann sah in der Metapher der unsichtbaren Hand denn auch einen Versuch, das Paradox der Knappheit unsichtbar zu machen: »Darunter soll verstanden werden, daß jeder Zugriff auf knappe Güter, der der Minderung von Knappheit dient, die Knappheit vermehrt. Reichlichere Versorgung des einen ist größere Not des anderen, und nur weil dies so ist, gibt es überhaupt das soziale Problem der Knappheit.«[84] Es wird ein *soziales* Problem dadurch, dass jede Zahlung den einen zahlungsunfähiger und den anderen zahlungsfähiger macht. Die Bearbeitung von Knappheit mit wirtschaftlichen Mitteln stellt zugleich eine Lösung und eine Nichtlösung des Problems der Knappheit dar. Selbst wenn man wirtschaftliche Transaktionen mit Hilfe von Geld vornimmt, was wie ein Äquivalententausch aussieht – ich zahle 20 Euro und bekomme dafür eine Ware im Wert von 20 Euro –, erzeugt das nur neue Knappheitsprobleme. Allein schon deshalb, weil das Äquivalent nicht nur Mengenprobleme, sondern auch Allokationsprobleme lösen soll und Geld selbst ein Medium ist, das Knappheit voraussetzt. Wirtschaftliche Transaktionen schaffen also letztlich die Möglichkeit und Unmöglichkeit ihrer selbst und müssen damit umgehen, dass sie das Paradox der Knappheit niemals loswerden.

Genau darauf, so Luhmann, reagiert die Wirtschaftstheorie mit der Metapher der *invisible hand* und lenkt damit das Ordnungsproblem der Wirtschaft von sozialen Fragen in Richtung zeitlicher Erwartungen um. Ökonomisches Handeln bringt zwar soziale Ungleichheiten und Schieflagen hervor, aber die unsichtbare Hand verspricht ein fortschrittsorientiertes Vertrauen in die Zukunft.

Nachdem die unsichtbare Hand nach einiger Zeit aber »zunehmend unter Arthrose zu leiden begann«[85], wie Luhmann wunderschön formuliert, ist an die Stelle dieses Fortschrittsvertrauens der Glaube an das Wachstum als notwendiger Bedingung ökonomischer und damit gesellschaftlicher Stabilität getreten. Das Wachstum entparadoxiert also das Knappheitsproblem ähnlich wie die »unsichtbare Hand« dadurch, dass man die Lösung stets in der Zukunft suchen muss – sie also letztlich niemals eintreten wird, aber über wirtschaftliche Dynamik gelöst werden muss. Deshalb eignet dem Ökonomischen auch das Schnelle, das Zukunftsorientierte, das Krisenhafte, weil die Lösung des Problems, die Lösung aktueller Anpassungsprobleme *immer* in der Zukunft liegt. Das Ökonomische baut zwar stets auf Traditionen und auf moralischen, kulturellen und gesellschaftlichen Konventionen. Insofern ist der Kapitalismus wie alle kulturellen Erscheinungen eine historisch gebundene Größe, wie man in der fulminanten *Geschichte des Kapitalismus* der UCLA-Historikerin Joyce Appleby nachlesen kann. Was Appleby aber am Ende ihrer Analysen zeigt, ist jene Zukunftsorientierung des kapitalistischen Handelns, das Problemlösung stets in die Zukunft verlagert. Sie schreibt: »Die Kapitalismusgeschichte wiederholt sich nicht, im Gegensatz zu Verhaltensweisen der kapitalistischen Akteure. Der Umstand, dass kaum jemand sich überrascht zeigt, wenn eine Krise eintritt [...], verweist auf eine Eigenschaft, die im Kapitalismus kultiviert wird. Gemeint ist eine Art von Optimismus, die die Realität verneint.«[86] Appleby sieht im Habitus des Verkäufers, »der Vertrauen verströmt«[87], den Geist des Kapitalismus – ich würde noch weiter gehen: Der Eigensinn des Ökonomischen gebiert eine Maschine, die sich stets nur in der Zukunft entparadoxieren kann. Das Knappheitsparadox kann nämlich nur dadurch gelöst werden, dass man angestrebte Gleichgewichte in die Zukunft verschiebt – als Resultat je gegenwärtigen Handelns.

Vielleicht noch einmal eher systemtheoretisch gesprochen: Einzelne Marktakteure – Individuen, Unternehmen, auch Staaten – können das Zeitproblem des Knappheitsparadoxes auf Märkten lösen, etwa durch die Austarierung von Nachfrage und Angebot, durch Begrenzung von Budgets, aber auch durch Kredite, deren Funktion ja letztlich in nichts anderem besteht, als die jetzige Unlösbarkeit eines Zahlungsproblems auf die Zukunft zu verschieben. Diese Techniken lösen also das Paradox der Knappheit jeweils für einen konkreten Akteur und jeweils temporär. Die Wirtschaft selbst aber bleibt bei all diesen Kalkulationen nur ein Horizont anderer ökonomischer Entscheidungen. Einfacher gesagt: Nicht nur ich, sondern auch andere lösen ihre Probleme je temporär, und so entsteht ein dynamisches System, dessen interne Folgen auf es selbst zurückwirken, ohne dass das Wirtschaftssystem irgendwie in sich selbst Halt finden kann, denn nirgendwo gibt es eine konkrete Stelle, an der man »die Wirtschaft« zu fassen bekommt – nicht einmal Zentralbanken, die Wirtschaftspolitik schon gar nicht und selbst Monopolisten nicht.

Schon weil es diesen Ort nicht gibt, bekommt die Metapher der *Unsichtbarkeit* eine besondere Plausibilität. Auf das »freie Spiel der Kräfte« zu vertrauen ist eine Verlegenheitslösung, die zwar keine ökonomisch plausible, dafür aber eine gewissermaßen literarisch gelungene Problemlösung anbietet. Es ist eine Mischung aus Vertrauen und Wagnis, das man sich von jener Dynamik erhofft. Dieses versöhnliche Grundcredo der klassischen und neoklassischen Nationalökonomie will damit ein ähnliches Problem lösen, wie ich es auch mit Marx und Weber herausgearbeitet habe: Die Wirtschaft ist ein System von individuellen Spielzügen, aus denen sich eine emergente Ordnung ergibt, für die es innerhalb des Systems keinen repräsentativen Ort gibt, an dem man ansetzen könnte. Diesen Ort gibt es aus zwei Gründen nicht:

- Erstens kann es in einem System, das sich als Kumulation von Einzelspielern mit je eigenen und unterschiedlichen Perspektiven und Interessen geriert und genau davon auch abhängig ist, keinen Ort geben, von dem her sich so etwas wie eine zentrale Rationalität des Systems etablieren könnte. Eine zentrale Entscheidung darüber, was die richtige ökonomische Entscheidung ist, würde im Übrigen dazu führen, dass aus der richtigen eine falsche Entscheidung wird, denn wenn alle ökonomisch dasselbe tun würden, würde das System zusammenbrechen. Das macht aus Wirtschaftssystemen eigensinnige Systeme, die sich nicht kausal, sondern in der Wechselwirkung von Konkurrenz, Wettbewerb und netzwerkartiger wechselseitiger Beobachtung ergeben. Daraus folgt eben jene Anmutung von Dynamik, die freilich meistens als besondere Tatkraft missinterpretiert wird. Ob man Treiber oder Getriebener einer solchen Dynamik ist, ist dann nur noch eine Geschmacksfrage der Beschreibung, also letztlich ein literarisches Problem, wie man das Kausalschema verwendet.

- Zweitens kann es diesen Ort nicht geben, weil der Erfolg ökonomischer Transaktionen immer in der Zukunft liegt und deshalb allein aus logischen Gründen gar keinen Ort haben kann, weil es immer schon ein Noch-nicht ist. Man darf diese zeitliche Komponente nicht unterschätzen, denn das Besondere an ökonomischen Entscheidungen besteht darin, dass sie die »Erlösung« in die Zukunft verschieben müssen. Das gilt nicht nur für investives Verhalten, sondern auch für den Konsum, denn jetziger Konsum erzeugt in jedem Falle geringere Zahlungsfähigkeit in unmittelbarer Zukunft, die nur durch weiteren Mittelfluss geheilt werden kann – das gilt für private ebenso wie für öffentliche Haushalte.

Das Fehlen eines repräsentativen Ortes macht also noch einmal deutlich, wie sich in Beschreibungen des Ökonomischen jene Haltlosigkeit manifestiert, die sich nicht mehr analog beschreiben lässt. Meine Grundintuition in diesem Kapitel war, dass sich in Beschreibungschiffren des Ökonomischen, meist kulminierend in einer mehr oder weniger starken Kapitalismuskritik, so etwas wie eine Blaupause dafür findet, wie man die Gesellschaft im Ganzen beschreiben müsste. Es dürfte wohl jene zeitliche Haltlosigkeit sein, die das Ökonomische so sehr zur Chiffre der gesamtgesellschaftlichen Dynamik macht. Bevor ich meine Intuition genauer auf den Punkt bringe, ist deshalb zuvor noch auf einen besonderen Zeitmechanismus des Ökonomischen hinzuweisen, der nun schon länger im Fokus der Aufmerksamkeit steht, auf Schulden nämlich, die ich eine ökonomische Zeitmaschine nenne.

Schuld, Schulden, Zeit

Schulden antizipieren die Zukunft.[88] Sie verschieben gegenwärtige Zahlungsunfähigkeit in die Zukunft und entlasten die Gegenwart – sie entlasten die Gegenwart von unmittelbarer Reziprozität, weil sie die Kette des Gebens und Nehmens aufbrechen. Wer eine Gesellschaft ohne die Möglichkeit von Schulden will, muss alles sofort geben und nehmen, damit die Welt im Gleichgewicht bleibt. Aber eine Welt im Gleichgewicht würde paradoxerweise aus dem Tritt geraten, weil sie sich von der Unmittelbarkeit ihrer Tauschverhältnisse abhängig machen müsste. Es müsste alles sofort beglichen werden – um jeden Preis. Eine solche Welt hätte keine Zeit – oder besser: Sie könnte nicht kreativ sein, weil sie mit der Zeit nichts anzufangen wüsste.

Schulden sind nichts anderes als eine Zeitmaschine, die die unmittelbare Reziprozität aufhebt. Schulden erst ermöglichen es, in eine Idee zu investieren, jetzt etwas für die Zukunft zu tun, einen späteren Ertrag zu antizipieren, Alternativen zu verfolgen. Schulden erst ermöglichen es, seine Lebenskraft der unmittelbaren Subsistenz zu entziehen. So nimmt ein Unternehmen Schulden auf, um ein Produkt zu entwickeln, das erst später Erträge erwirtschaftet; ein privater Haushalt kann ein Haus oder ein Automobil nur kaufen, wenn er es nicht gleich bezahlen muss. Aber auch der Kredit, den mir die öffentliche Hand für Schul- und Hochschulausbildung gewährt, gibt mir jetzt Zeit zugunsten eines späteren Ertrags, ebenso ein Stipendium, das mich von unmittelbarer Reziprozität entlastet. Schulden dehnen so die Zeit, weil sie die unmittelbare in eine zeitlich gedehnte Reziprozität transformieren. Mit Schulden kauft man sich Zeit, also Freiheit – aber auch das Gegenteil.

Schulden ermöglichen – und verhindern. Sie ermöglichen im Moment der Schuldenaufnahme Freiheit und Selbstbestimmung, weil sie das gerade Notwendige verschieben können. Aber sie grenzen spätere Freiheit und Selbstbestimmung ein, weil sie zurückgezahlt werden müssen, will man nicht Schulden mit Schulden begleichen, was früher oder später zum völligen Verlust von Freiheit führt. Das Problem freilich der gedehnten Reziprozität besteht darin, dass unsere Präferenzen, Wünsche, Bedürfnisse, Plausibilitäten und Orientierungen gegenwartsorientiert sind und die Zukunft, in der der Kredit fällig wird, nie beginnt, weil er ja in der Zukunft liegt. Das ist das Perfide und Ambivalente an den Schulden – denn sie ermöglichen Freiheit, indem sie Freiheit einschränken. Sie dehnen die unmittelbare Reziprozität, heben sie aber nicht auf, denn es kommt der Tag, an dem sich die Zahlungsrichtung umkehrt.

Wir können auf Schulden, das heißt auf die zeitliche Dehnung von Reziprozität, nicht verzichten – zugleich ist es außerordentlich schwer, die Schuld der Schulden wieder loszuwerden. Schulden verweisen letztlich auf das Grundproblem der modernen Gesellschaft, auf das Problem der Synchronisation nämlich. Wenn es eine moderne Grunderfahrung gibt, dann ist es die, dass die unterschiedlichen Geschwindigkeiten und Zeittakte dieser Gesellschaft nicht zusammenpassen.

Wirtschaftliche Dynamik erfordert Geschwindigkeit und schnelle Reaktionen, Bildungsprozesse sind langsam und brauchen Zeit. Im Lebenszyklus zerren oftmals gleichzeitig widerstreitende Anforderungen an uns – der Klassiker ist sicherlich die Gleichzeitigkeit von Elternschaft und den entscheidenden Karriereentscheidungen im weiblichen Lebensverlauf. Der Geldbedarf in Unternehmen ist dann am größten, wenn sie am wenigsten produktiv sind – etwa wenn neue Produkte entwickelt werden oder wenn man in neue Geschäftsmodelle investiert. Und Personal besteht eben nicht nur aus Arbeitswertträgern, sondern aus Menschen, die eine Kontinuität und Balance von Arbeit, Reproduktion und Privatheit brauchen. Um es auf eine Formel zu bringen: Eine moderne, arbeitsteilige, in Funktionen differenzierte, beschleunigte und komplexe Gesellschaft ist nicht aus einem Guss – deshalb stellen sich Synchronisationsprobleme. Und Geld ist jenes Medium, dem es am besten gelingt, Aufschub und zeitliche Transzendenz zu ermöglichen. Das macht unsere Kultur letztlich zu einer Schuldenkultur, das heißt zu einer Kultur, in der wir später für das geradestehen, was uns jetzt widerfährt – und jetzt für das, was wir früher getan haben. Wir werden gewissermaßen für uns selbst haftbar gemacht. Erst das moralisiert unser Leben vollständig durch und macht uns alle zu methodischen Protestanten im weitesten Sinne.

Max Weber hat es einmal wunderbar auf den Begriff gebracht: Der mittelalterliche Katholik lebte ethisch von der Hand in den Mund, er musste eben kein methodisches Leben aus einem Guss führen, sondern konnte durch magische Sonderhandlungen immer wieder von Neuem beginnen und damit seine Schuld(en) abtragen. Der moderne Protestant dagegen muss ein methodisches Leben führen und eine Kontinuität in ein Leben hineinerzählen, das gar keine Kontinuität hat und haben kann. Das Erzählen und die moralische Integration von Schuld und Unvollkommenheit, von Zukunftsorientierung und Selbstverbesserung bilden keine zufällige Analogie zur Ökonomisierung der Schuld(en). Auch die Heilsökonomie des Christentums dehnt Schuld und Erlösung in der Zeit – und auch sie weiß um die gegenwartsorientierte Schwäche des Menschen, der immer schon ein (Erb-)Schuldner ist, weil seine Handlungsmöglichkeiten begrenzter sind als die Forderung, die Verantwortung zu übernehmen für Vergangenheiten, die so sind, wie sie eben geschehen sind, und für Zukünfte, die nie beginnen werden und die wir nicht kennen. Auch die Heilsökonomie muss Kredite aufnehmen, wenigstens muss sie sich ein *credo quia absurdum* zumuten, weil die Erlösung eben nicht vernünftig begründet werden kann. Ebenso ist der ökonomische Kredit eine Wette darauf, dass der Kreditnehmer tut, was er will/soll – *quia absurdum*.

Was wir derzeit beobachten können, ist eine geradezu extreme Gegenwartsorientierung unserer Kultur. Die vormoderne und »heidnische« Kultur hat sich Gegenwartsorientierung dadurch ermöglicht, dass Schuld(en) sofort und vollständig abgetragen werden mussten – oft unterfüttert durch einen männlichen Ehrenkodex, der die soziale Existenz des Einzelnen daran gebunden hat, auf eine merkwürdige Weise autonom dadurch zu sein, niemandem etwas zu schulden. Das hat freilich das Gegenteil von Autonomie zur Folge gehabt, denn man musste sich stets an das Gleichgewicht von Geben und Nehmen anpassen. Die gegenwärtige Gegenwartsorientierung ist anders gebaut. Sie resultiert zum einen aus einem radikalen Synchronisationsbedarf, der den unterschiedlichen Geschwindigkeiten der Gesellschaft geschuldet ist. Andererseits ist sie das Ergebnis einer Konsumkultur, die letztlich nur Gegenwarten kennt. *Alle Lust will Ewigkeit* – was ja nichts anderes heißt als sofortige Erfüllung, denn Ewigkeit ist eben nicht das Ergebnis von Langsicht und Aufschub, sondern Verwirklichung des Möglichen. So wird der Kreditgeber, der vormals ein moralischer Akteur war, der dem Schuldner (Zahlungs-)Mores lehrte, zum Verführer, der immer mehr verspricht und den Moralisten auslacht und ihn verspottet.

Hier hat sich ein merkwürdiges Milieu herausgebildet, das als ästhetischer Ausdruck solchen Spotts gelten kann, eine Trägergruppe, die nach meiner Einschätzung eine ähnliche Gruppenstruktur aufweist wie jene Vulgärmarxisten, die vor einer Generation zwar wohlbehütet unter dem Schutz des demokratischen Rechtsstaates Revolutionsspiele veranstalten konnten, dabei aber jeglichen demokratischen *comment* verlassen haben. Es ist eine geschlossene Gruppenstruktur, die den Kontakt zur Außenwelt verloren zu haben scheint, weil sie ihre Erfolgsbedingungen allein in ihrem eigenen Milieu vorfindet. Ich meine jene junge Generation insbesondere aus der Finanzwirtschaft, die gestählt durch vulgäre ökonomistische Modelle einer Ethik des individuellen Nutzenmaximierers voller Verachtung auf politische Regulierung und kaufmännische und unternehmerische Routinen blickt. Es gibt da durchaus eine Kontinuität zwischen den früheren Vulgärmarxisten zu heutigen Vulgärökonomisten. Das funktionale Äquivalent damaliger vulgärmarxistischer Kaderschmieden im Schattenfeld von Universitäten sind heute womöglich der *academia* eher ferne MBA-Kaderschmieden, die als extremer ideologischer Ausdruck einer neuen Optionssteigerung angesehen werden können. Ganz ähnlich wie die Überpolitisierung linksextremen Denkens eine merkwürdige revolutionäre Atmosphäre geschaffen hatte, herrscht eine solche heute an den Börsen, zumindest bei einer bestimmten Trägergruppe, die in der Monetarisierung und in finanzwirtschaftlichen Instrumenten die Lösung aller Probleme sieht – hier wie dort übrigens vor allem junge Männer. Diese Trägergruppe darf nun nicht als Treiber oder gar Urheber dieser ökonomischen Optionssteigerung angesehen werden, aber durchaus als ein Resultat dieser Entwicklung.

Wie sehr sind jene verlacht worden, die vor der Monetarisierung der Finanzpolitik gewarnt haben. Wie sehr wurden jene für Ewiggestrige gehalten, die den billigen Krediten misstraut haben – nicht weil sie Kosten gespart hätten, sondern weil sie die ökonomische Vernunft derer ausgehöhlt haben, die auf die Heilungskräfte des Ökonomischen gesetzt haben. Was man – historisch nicht ganz korrekt – den neoliberalen Geist nennt, der auf die Selbstregulative des Marktes setzt, hat letztlich die Mechanismen des Marktes außer Kraft gesetzt. Indem Kredite immer billiger wurden, ließen sich ökonomische Risikokalkulationen nicht durch realwirtschaftliche Marktlogiken einschränken. Wer vor dem grassierenden Monetarismus warnte, war ein Zauderer, war nicht risikobereit, gehörte den altmodischen Moralisten an, die eine methodische Lebensführung predigten, statt der Ewigkeitslust des *Jetzt sofort* zu frönen, gepaart mit den Versprechen einer besseren Zukunft. Das galt besonders für das Verhältnis von öffentlichen Haushalten und Finanzwirtschaft.

Wie Colin Crouch in seiner Studie *Das befremdliche Überleben des Neoliberalismus* gezeigt hat, war es der Keynesianismus selbst, der es der Finanzwirtschaft ermöglicht hat, von staatlicher Ausgabenpolitik so weit zu profitieren, dass sie im Sinne einer monetaristischen Politik ihre volkswirtschaftliche Funktion für die Realwirtschaft eingebüßt hat. »Insofern waren wir alle Komplizen dieses Finanzierungsmodells – was es dem Staat dann noch schwerer machte, in der Krise Gesuche der Banken abzulehnen, die darum baten, man möge doch bitte dabei helfen, wieder auf die Füße zu kommen.«[89] Staaten waren immer auch ökonomische Akteure, aber inzwischen wurde die Beschaffung von Geld dadurch einfacher, dass der Geldmarkt immer flexibler wurde. Paradoxerweise waren die Banken die staatstreuesten Akteure – sie haben trotz aller sogenannten neoliberalen Semantik den Staaten mehr vertraut als unterprivilegierte Wähler. Der Staat als Kreditnehmer, der sich als Wohlfahrtsstaat Massenloyalität durch teure Versorgung unterschiedlicher Gruppen der Gesellschaft erkauft hat, anstatt lediglich für die Daseinsvorsorge derjenigen zu sorgen, die Unterstützung tatsächlich brauchen, galt per se als kreditwürdig. Banken hatten ein geradezu »sozialistisches« Verständnis vom Staat: *als Adresse immerwährender Zahlungsfähigkeit.*

Staaten haben sich also genauso an den Finanzmärkten bedient wie private Haushalte auch. Crouch spricht von »Wachstum der Kreditmärkte für Menschen mit kleinen und mittleren Einkommen« sowie von der »Entstehung von Märkten für Derivate und Terminkontrakte für Menschen mit großem Vermögen. Diese Kombination brachte einen ›Keynesianismus der privaten Hand‹ hervor, der zunächst zufällig entstand, dann aber von der Politik aufgegriffen und gezielt gefördert wurde. Statt dass der Staat Schulden machte, um die Wirtschaft anzukurbeln, verschuldeten sich Privatleute, nicht zuletzt die, deren Einkommen gering war.«[90] Diese eher auf die USA gemünzte Diagnose gilt strukturell auch für Europa mit seiner stärkeren Staatstätigkeit – aber es zeigt, wie die Ökonomisierung von Semantiken andere Funktionssysteme und Organisationen entsprechend programmieren kann. Lapidar schreibt Crouch: »Das Problem ist, dass Banker wie Politiker vom Baum der Erkenntnis der sekundären Märkte gekostet haben.«[91] Die Folgen sind bekannt, Folgen, die auch auf ein strukturelles Problem demokratischer Legitimation hinweisen – denn die Erzeugung von Loyalität durch Ausgabenpolitik lässt sich nur durch jenes Publikum wieder heilen, das man durch entsprechende Ausgaben bei der Stange gehalten hat. Die Konzentration von Vermögen in kleinen Spitzen der Gesellschaft und die Bestrafung der Unterprivilegierten, aber auch derjenigen, die man gerne die Leistungsträger der Gesellschaft nennt (also die, die für realwirtschaftliche Wertschöpfung sorgen), ist eine fast logische Folge.

Lösungen, so wird man einräumen müssen, kann es nur geben, wenn sich Langsicht institutionalisieren lässt, wenn also diejenigen, die jetzt etwas tun, für die zukünftigen Folgen einstehen müssen – was ja einmal die Grundidee des Kapitalismus war, dass der Kapitalist auf eigenes Risiko gearbeitet hat und dieses eigene Risiko ein gewisser Rationalitätsgenerator sein sollte, der genug Anreize für ökonomische Nachhaltigkeit schaffen sollte, um am Markt bleiben zu können. Seit Unternehmensentscheidungen eher depersonalisiert worden sind, ist dieser Mechanismus außer Kraft gesetzt – auch der »Kapitalist« ist heute kurioserweise ein Lohnabhängiger, dessen eigene Existenz aber selten durch Risiken gefährdet wird. Im Gegenteil: Seine Risikobereitschaft wird letztlich durch abfindungsgesättigte Verantwortungslosigkeit erhöht, was auch dazu beiträgt, alle Bremser und Warner für Ewiggestrige und Hasenfüße halten zu können. Die Einzigen, für die die Zurechnung auf eigenes Risiko stets galt, waren private Haushalte (von Lohnabhängigen kurioserweise). Sie hatten niemals jemanden, an den sich der Schwarze Peter weitergeben ließ, und Abfindungen gab es auch nicht.

Aber es steckt mehr dahinter als bloß ein institutionelles Arrangementproblem. Dass ökonomische Krisen insbesondere in der Finanz- und Kreditwirtschaft auftreten, ist kein Zufall. Die wirtschaftliche Dynamik muss die Lösung ihrer Probleme stets in die Zukunft verschieben– und die je gegenwärtige Repräsentation dieses Lösungshorizonts sind die Schulden, die ja nichts anderes sind als eine Bewegung der Problemlösung an der Zeitachse. Die Haltlosigkeit des Ökonomischen, sein Eigensinn und seine innere Dynamik müssen gewissermaßen zeitweise geheilt werden – der ökonomische Mechanismus dafür sind Schulden, und deshalb kulminiert in Schuldenkrisen – Staatsschuldenkrisen, Bankenkrisen, Krisen privater Haushalte – das, was die Metapher des Ökonomischen ausmacht: die prinzipielle Unlösbarkeit ihres Stabilitätsproblems, die prinzipielle Unmöglichkeit von Gleichgewichten und die unhintergehbare Zukunftsorientierung aller Lösungen.

Ökonomie als Metapher

Meine Intuition, mit der ich dieses Kapitel begonnen habe, lautete: Die moderne kapitalistische Ökonomie bildet das Beobachtungsproblem einer modernen, komplexen Gesellschaft nachgerade ästhetisch ab, weil es mit seinem Eigensinn und der Unmöglichkeit, ein Zentrum und damit ein Steuerungszentrum zu etablieren, als eine Parabel auf ein System mit *verteilter Intelligenz* gelesen werden kann. Deshalb, so meine Annahme, kulminieren Krisendiagnosen fast immer in Diagnosen von Krisen des Kapitalismus – mit der Konsequenz, das Problem des komplexen Zusammenspiels unterschiedlicher Logiken und Perspektiven, unterschiedlicher Erfolgsbedingungen und lose gekoppelter Komponenten könnte sich durch Steuerung und Einhegung des Kapitalismus lösen. Dabei sind all die Versuche, den Kapitalismus eher sozialistisch oder eher konservativ zu bändigen, nichts anderes als *politische* Versuche, in diese eigensinnige Dynamik einzugreifen – mit der paradoxen Folge, dass diese politischen Versuche wiederum stets ihre eigensinnigen Folgen zeitigen.

Wer über das Ökonomische spricht, spricht meistens über ein System, dessen emergente Ordnung eine eigensinnige Ordnung ist, die sich dynamisch entfaltet und für die jegliche Kausalannahmen zu kurz greifen. Ob aus einer kritischen Perspektive von Marx mit ihrer Annahme, dass der Kapitalismus an seinen Erfolgen zugrunde gehen wird, ob aus der Perspektive von Weber, der eine Verselbständigung der kapitalistischen Dynamik als Schicksalsmacht diagnostiziert, ob aus der Perspektive der (neo-)klassischen Wirtschaftstheorie mit ihrem Vertrauen in das freie Spiel der Kräfte – das Bild des Ökonomischen in all diesen Beschreibungen lebt davon, ein dynamisches System zu zeichnen, das nach Eigengesetzlichkeiten funktioniert, die sich nicht wirklich durchschauen lassen. Diese stark metaphorischen Beschreibungen des Wirtschaftens eint, dass sie ein nicht wirklich beherrschbares System entwerfen, in dem die Rationalität der Gesamtordnung nicht identisch ist mit der Rationalität der Akteure und ihrer Motive – vom historisch »falschen« Bewusstsein bei Marx über die »Sinnlosigkeit« des Geschehens bei Weber bis zum Eigennutz als Motor des Gesamtnutzens bei Smith und in der nachfolgenden liberalen ökonomischen Denkweise.

Deshalb hat sich in der Wirtschafts- und Organisationstheorie die in der Tradition Vilfredo Paretos stehende Idee einer *bounded rationality* etabliert, wie sie vor allem auf den Wirtschaftsnobelpreisträger Herbert A. Simon von 1978 zurückgeht.[92] *Begrenzte Rationalität* meint, dass die Perspektive des entscheidungsfähigen und zu Entscheidungen genötigten Akteurs seine Grenzen in seinen eigenen Perspektiven, in seinen begrenzten Informationen, in seinem Blick und seinen Interessen findet – nicht zuletzt in der Unmöglichkeit vollständiger Information. Was immer das auch sein soll, wenn man unter einer Information etwas verstehen will, das einen Unterschied macht und damit schon aus logischen Gründen nicht vollständig sein kann. Entscheidend ist dabei, dass sich hier das wiederholt, was ich im vorigen Kapitel als den Unterschied *analoger* und *digitaler* Welten beschrieben habe. Die konkrete Entscheidungsposition ist analog – gespickt mit Gründen und konkreten Zielen und Vorstellungen, mit Wünschen und Konventionen, unterstellten Sicherheiten und Vertrauen, persönlichen Netzwerken usw. All dies lässt sich leidlich kontrollieren – oder eben wenigstens analog darstellen. Es ist erzählbar, als Unternehmenskultur ebenso wie als Entscheidungsprogramm, als moralische Orientierung ebenso wie als Führungs-, Arbeits- oder Investitionsstil. An solchen Performances arbeiten ganze Beratungsbranchen, mit der Hoffnung, über solche Wege zu kalkulierbaren Wirkungen zu kommen oder wenigstens deren Wahrscheinlichkeit zu erhöhen – und meistens geht es wohl nur darum, etwas Erzählbares vorweisen zu können, um über den Tag zu kommen bis zur nächsten Entscheidung. Letztlich wird ökonomisches Handeln heute stark habitualisiert und an konkrete Stile gebunden.

Das ist der Grund, weshalb man heute in Unternehmen geradezu unökonomisch daherredet. Werte dringen in die Selbstbeschreibung von Unternehmen ein und bearbeiten damit Themen öffentlicher Debatten wie ökologische Fragen, Genderfragen, Lebensführungsmodelle usw. Victoria von Groddeck vertritt die These, über solche Themen dringe die Gesellschaft in die Unternehmen ein.[93] Solche Erzählformen machen bisweilen sogar die ökonomischen Rahmenbedingungen der eigenen Tätigkeit unsichtbar.[94] Unternehmen beschreiben sich vor sich selbst und vor der Öffentlichkeit als Wertevermittler und als von moralischen Werten getriebene Organisationen, deren Markterfolg sowohl vermittels als auch zum Behufe von Werten wie Authentizität, Gerechtigkeit, Ehrlichkeit, Respekt, Verantwortung usw. erreicht werden soll. Die Funktion solcher Wertekommunikation liegt unter anderem darin, dass man ihr schwer widersprechen kann – was ihren performativen Wert ihrem Informationswert vorordnet und ein analog verarbeitbares Bild zeichnet.

Die in meinem Begriffsvorschlag *digitalen*, also eher unsichtbaren, sich in Wechselwirkungen kumulierenden, kaum berechenbaren, darin eben komplexen Praxisbedingungen des Ökonomischen können damit ausgeklammert werden – ohne dass sie dadurch verschwinden. Dass in Unternehmen heute in dieser Weise geredet wird, also tatsächlich analog und damit *unökonomisch*, lese ich als weiteres Indiz dafür, wie sehr die Dynamik des Ökonomischen eine geniale Metapher des aktuell Gesellschaftlichen ist – und wie sehr Gesellschaftskritik *als Kapitalismuskritik* die Gesellschaft letztlich verfehlt.

Um es noch einmal deutlich zu sagen: Kapitalismuskritik ist eine *politische* Kritik an der ökonomischen Dynamik. Insofern ist Reflexion des Ökonomischen fast immer *politische Ökonomie*. Auch dies ist ein Hinweis darauf, dass die Ökonomie die zentrale Metapher für gesellschaftliche Dynamik schlechthin ist. Denn das Wirtschaftssystem als dynamisches emergentes System, das Einzelereignisse (Zahlungen und Nichtzahlungen) zu ökonomischen Strukturen und Folgen kulminiert, ist ein paradigmatischer Fall dafür, dass es in einem dynamischen System keinen Ort der Repräsentation des Gesamtsystems gibt.

Dieses Problem löst die politische Perspektive auf die Ökonomie. Übers Ökonomische kann man offensichtlich nicht ökonomisch reden, sondern nur politisch, denn ein System, das sich als emergente Folge von Spielzügen darstellt, schreit geradezu nach kollektiv bindenden Entscheidungen und Regulierungen, also nach Politik. Wahrscheinlich ist Kritik per se politisch – und insofern geraten kritische Beschreibungen eines dynamischen Systems fast immer zu politischen Beschreibungen. Das heißt, dass das Reden über Ökonomie fast immer in Gestalt von Kapitalismuskritik daherkommt – ob das eine linke Kritik im Stile Brands ist, eine bürgerlich-konservative Kritik wie die Miegels, aber auch die Kritik des Ordoliberalismus eines Walter Eucken, als Kritik im Sinne der katholischen Soziallehre oder als soziale Marktwirtschaft eines Alfred Müller-Armack. Die einzige Ausnahme könnte ein extremer Liberalismus der Chicago-Ökonomien sein, wie sie etwa von Hayek vertreten hat. Interessanterweise ist aber dieser Wirtschaftsliberalismus die einzige Wirtschaftstheorie ohne Gesellschaftstheorie, das heißt ohne eine Vorstellung davon, wie die unterschiedlichen Logiken einer Gesellschaft sich wechselseitig ermöglichen. Hier hat man einfach die Abwehrrechte des Bürgers gegen den (absolutistischen) Staat im Sinne John Lockes als Modell für die Abwehrrechte der Wirtschaft gegenüber dem (demokratischen) Staat genommen.

Es sollte jedenfalls deutlich geworden sein, dass die Ökonomie aus zwei Gründen als Metapher für die Komplexität der modernen Gesellschaft taugt: Zum einen sind gerade am ökonomischen System der Eigensinn und die Gegenwartsbasiertheit aller Operationen gut nachzuverfolgen. Es ist ein System, das nie stillzustellen ist, schon weil sich das grundlegende Knappheitsproblem letztlich immer nur in einer nicht beginnen könnenden Zukunft lösen lässt. Dies gilt freilich auch für andere Funktionssysteme und Intelligenzen der modernen Gesellschaft. Politik ist immer eingelassen in die sich permanent fortschreibende Form, immer wieder neu Loyalität, Zustimmung und Handlungsfähigkeit vor einem beobachtenden Publikum erzeugen zu müssen, ohne damit je fertig sein zu können. Das Wissenschaftssystem verunsichert sich mit immer neuen Erkenntnissen immer wieder selbst und kann aus dem Eigensinn der Produktion und Destruktion von wahrheitsförmigem Wissen nicht aussteigen. Ähnliches gilt für die Religion und das Recht, für die Massenmedien und die Familie. Strukturell ähneln sie der Ökonomie – nicht in dem Sinne, dass sie alle ökonomisiert würden oder Marktförmigkeit annähmen, sondern im Sinne der Dynamik und Unabschließbarkeit.

Zum anderen ist die Ökonomie eine entscheidende Metapher für die Differenziertheit der Moderne. Besonders das Verhältnis von Politik und Ökonomie ist die Schlüsseldifferenz, an der sich Diagnosen der Gesellschaft scharf stellen. Was unter den Labels *Kapitalismus, soziale Marktwirtschaft* oder *Sozialismus* diskutiert wird, ist dann, genau besehen, gar keine ökonomische Kategorie, sondern die Frage des Verhältnisses zwischen ökonomischer Dynamik und politischer Kontrolle. Entscheidend sind dabei jedenfalls die unterschiedlichen Erfolgsbedingungen ökonomischer und politischer Handlungsformen. Ökonomischer Erfolg lässt sich leicht individualisieren, politischer Erfolg muss sich vor einem größeren Publikum einstellen; ökonomische Handlungsmuster haben es vor allem mit individuellen, egoistischen Entscheidungen zu tun, während politische Handlungsmuster kollektive Horizonte aufspannen müssen; ökologische Routinen setzen auf Schnelligkeit und unmittelbare Reaktionen, politische Institutionen bauen auf langsame Verfahren zur Herstellung von legitimen Entscheidungen.

Die gesellschaftliche Moderne ist durch eine wirklich kuriose Eigentümlichkeit geprägt: Gerade aufgrund ihrer Struktur verteilter Intelligenz und gerade wegen ihrer Komplexität und Dynamik ist sie letztlich durch so etwas wie Zugriffe und Eingriffe kaum aus der Ruhe zu bringen, eben weil jeglicher Zugriff immer von einer konkreten Position aus erfolgt und die Fantasie ihrer Umgestaltung und Kritisierbarkeit kaum Adressaten findet.

It's the economy, stupid! – die berühmte Formel aus dem Clinton-Wahlkampf von 1992, kann deshalb so viel Plausibilität für sich beanspruchen, weil *the economy* eben als Metapher dafür gelten kann, wie sehr die Dynamik des Ökonomischen mit ihren unübersehbaren Folgen und ihrer letztlich unkalkulierbaren Schnelligkeit für die analog kaum darstellbare Komplexität der Gesellschaft steht. Es stellt eine radikale Verkürzung dar, die Eigendynamik der modernen, komplexen Gesellschaft auf die kapitalistische Struktur ihrer Wirtschaft zurückzuführen – es ist wie eine weitere Analogtechnik in der Beschreibung, die suggeriert, man könne, wenn überhaupt, dort direktiv ansetzen. Ich habe dagegen gezeigt, dass die Dynamik der unterschiedlichen Logiken, Funktionen und Intelligenzen einer modernen Gesellschaft in sich je eigensinnige Dynamiken entfalten.

Wäre der Kapitalismus allein der Krisengenerator, müssten die anderen Perspektiven je für sich Protestbewegungen und Revolten gegen ihn beziehungsweise gegen seine Dynamik sein –

aber gerade das sind sie nicht. Denn auch ihr Eigensinn und ihre Eigendynamik erzeugen jene Optionssteigerungen, die man an der Wirtschaft besonders eindrucksvoll beobachten kann. Es ist vielmehr diese merkwürdig entkoppelte Struktur der unterschiedlichen Teile und das Fehlen von Stoppregeln, die dafür sorgen, dass die unterschiedlichen Logiken der Gesellschaft so infizierbar sind für je eigensinnige Entgleisungen – wenn man es so negativ ausdrücken will. Und am Ende geht es darum, diese eigensinnigen Formen miteinander zu koordinieren, ohne dass ein koordinierendes Zentrum vorhanden ist. Nur: Es bleibt nichts anderes übrig, als das Unmögliche zu tun. Dieser Frage werde ich mich nun im letzten Kapitel unter dem Stichwort »Übersetzungen« widmen. Denn das ist das grundlegende gesellschaftliche Problem der modernen Gesellschaft – deshalb gilt tatsächlich: *It's the society, stupid!*

Sechstes Kapitel / **Übersetzungskonflikte** / Vom Umgang mit Perspektivendifferenz

Dieses Buch hat mit der Überlegung begonnen, wie sich diese Gesellschaft selbst vorstellt, wie auf sie zugegriffen werden kann, wie man sie verändern, in sie hineinwirken kann. Seit sich die Welt als Gesellschaft wahrnimmt, ist ihr Selbstverhältnis nicht nur davon geprägt, dass sich die Welt gestalten lässt, sondern dass sie auch gestaltet werden muss. Es werden immer mehr Entscheidungen nötig – und dass Entscheidungen nötig werden, bedeutet auch, dass die Welt selbst nicht ausreichend Informationen dafür bereitstellt, was zu tun ist. Man kann es sich an konkreten Lebensformen verdeutlichen. In einer Lebensform, in der für den Einzelnen fast alles festgelegt ist, in der es wenig Volatilität und Abweichungsmöglichkeiten gibt und in der Rollenerwartungen relativ klar sind, gibt es wenig zu entscheiden. Eine solche Welt enthält ausreichend Informationen und Kriterien dafür, was getan werden muss, und es bedürfte auch letztlich keiner semantischen Form, die eigene Lebenslage als Handlungsgeschichte zu erzählen, als Geschichte von Entscheidungen. Es würde genügen, die Welt zu beschreiben, wie sie ist, und Abweichungen von Erwartbarem könnten dann als Schicksal, Strafe oder Belohnung interpretiert werden, was allerdings auch wieder in ein Weltbild eingemustert werden müsste, das ausreichend Informationen für eine solche Interpretation bereithält.

Eine Lebensform dagegen, in der der Einzelne gleichzeitig in unterschiedliche soziale Erwartungsstrukturen eingebettet ist, in der Lebensverläufe nicht eindeutig festgelegt sind und in der das Leben geführt werden muss und damit auch scheitern kann, ist nur als Entscheidungsgeschichte zu erzählen. Hier muss mehr kommuniziert werden, weil die Welt eben nicht genügend Informationen enthält. Hier steigt die Komplexität, weil sich bestimmte Entscheidungsprogramme durchaus widersprechen können. Aus der Perspektive von Individuen ist dies genau das, was moderne Lebensformen ausmacht: Entscheidungen über Bildungsverläufe, über Familiengründungen, über die Wahl des Berufs, über Karriereschritte, über Aktivitäten in unterschiedlichen Bereichen des Lebens folgen nicht einem Gesamtprogramm, sondern können sich sogar widersprechen. Das muss nicht weiter erläutert werden, denn es ist tatsächlich das, was modernes Leben ausmacht.

Was hier für die Ebene der individuellen Lebensführung verkürzt und andeutungsweise plausibel sein dürfte, gilt inzwischen für die Gesellschaft als ganze. Würde man sich die Gesellschaft als eine Entität, als einen Gegenstand oder gar als einen Akteur vorstellen – was sie nicht ist! –, dann wäre nicht nur kein Ort auszumachen, von dem her Entscheidungen koordiniert werden könnten. Es wäre nicht einmal so, dass die eine Seite wüsste, was die andere tut. Bei einem menschlichen Individuum werden diese unkoordinierten Entscheidungsprogramme durch die Kopplung an den Körper und das Bewusstsein zusammengehalten – deshalb ist die Moderne unter Komplexitätsgesichtspunkten auch eine Zumutung für das menschliche Bewusstsein, das nur linear denken kann, auch eine Zumutung an den Körper, der nur linear leben kann. Diese Zumutung heißt tatsächlich Komplexität.

Wenn wir die Gesellschaft zu anthropomorph denken, sie uns also ähnlich organisiert vorstellen wie den Menschen mit den Kontinuitäts-und Zentralitätsformen von Körper und Bewusstsein, entstehen allzu einfache Fantasien von zentraler Steuerung beziehungsweise Veränderbarkeit der Gesellschaft. Ich habe bereits darauf hingewiesen: Die merkwürdig antinomische Erfahrung von gleichzeitiger Dynamik und Trägheit und Widerständigkeit der Gesellschaft lässt Eingriffe letztlich nur als perspektivische Einwirkung zu. Wenn es stimmt, dass die Gesellschaft von verteilter Intelligenz geprägt ist, und wenn es stimmt, dass all die unterschiedlichen Prozesse gleichzeitig ablaufen, und wenn es weiterhin stimmt, dass dynamische Systeme schon wenn man sie nur in ihrem Eigensinn zu verstehen versucht, kaum prädiktierbar sind, dann muss man die Einwirkung auf die Gesellschaft selbst als ein komplexes Geschehen voraussetzen.

Der entscheidende Gedanke ist der der Perspektivität allen Tuns ebenso wie der Differenz der Perspektiven. Ich habe als Beispiel bereits Niko Paechs Beschreibung der Bedingungen einer möglichen Nichtwachstumsökonomie beschrieben. Aufgerufen wird ein »genügsamer und sesshafter Charakter«[95], gepaart mit einem »Plädoyer für mehr Würde«. Eine »Kultur des Weniger« wird hier angepriesen, auch die Utopie des einfacheren Lebens, nicht zuletzt die Aufforderung zum Verzicht, wohlgemerkt nicht als eine Form der individuellen Lebensführung, sondern als ein Modell für die Gesellschaft. Die Forderungen sind wohlfeil, und sie bedienen die Bedürfnisse eines bildungsnahen, mittelschichtsbasierten, postmaterialistischen, dabei ökonomisch eher abgesicherten Publikums, dem man Utopien anbieten kann, deren performative Plausibilität wohl vor allem darin liegt, dass man sie mit ein paar individuellen Stilübungen unterstützen kann, aber keine wirklich weiteren Konsequenzen fürchten muss. Die wohlfeile Art, wie sich hier ein Autor – den ich nicht für originell halte, sondern nur als Beispiel für eine verkorkste Denkungsart anführe – vor ein weißes Blatt Papier setzen kann, um eine Welt nach seinem Bilde zu entwerfen, ist geradezu ein Paradebeispiel für das, was ich *komplexitätsvergessene Vernunft* nennen möchte. Den Vorwurf mit der Komplexität von Situationen, also mit der Frage, wie man die angedeuteten Ziele überhaupt erreichen könnte, hat dem Autor übrigens in einem bemerkenswerten, von einer Wochenzeitung organisierten Gespräch Erhard Eppler gemacht, jener SPD-Politiker, der als einer der Ersten bereits in den 1970er-Jahren auf ökologische Gefahren hingewiesen hat. Es ist kein Zufall, dass hier ein Politiker, also jemand, der Entscheidungen im Hinblick auf ihre Durchsetzbarkeit und ihre Wirkmächtigkeit beurteilen muss und sich nicht einfach vor ein weißes Blatt Papier setzen kann, bereits zu Beginn des Gesprächs fast fassungslos darüber ist, dass man sich eine solche radikale Umsetzung einer flächendeckend anderen Welt überhaupt vorstellen kann.[96]

Nun ist es durchaus ein angemessenes Anliegen, den Ressourcenverbrauch unserer Wirtschafts- und Lebensform zu kritisieren, unsere Konsumgewohnheiten und ihre ökologischen Folgen. Ein genauso angemessenes Anliegen ist es freilich, den Moralverbrauch und das moralische Posing solcher Attitüden zu kritisieren – Attitüden, die aus berechtigten Anliegen letztlich insuffiziente, komplexitätsvergessene Gesellschaftsspiele zur

Selbstberuhigung machen. Man muss es leider in dieser Drastik formulieren, denn ganz offensichtlich geht es bei dieser Art Diagnose eher um die Pose als um die ernsthafte Frage, wie sich welche Wirkung erzielen lässt. Ich habe Paechs Attitüde oben latent autoritär genannt – und man muss dies wohl noch verschärfen, denn es ist eine autoritäre Attitüde, die gar nicht aus sich selbst heraus, sondern am Ende sogar gegen den eigenen Willen autoritär werden müsste, weil sie sich den Prozess der Veränderung vom Ende her ansieht, also vom wünschenswerten Verhalten derer her, die da verändert werden müssen. Ganz abgesehen davon, dass der Ansatz so tut, als sei er in seinen Zielen alternativlos.

Solche durch »Verzichtspropheten« vorgenommenen Vereinfachungen, die vor allem gut als Markenkommunikation funktionieren, leben entweder von einem markengebenden Moralüberschuss, oder sie stoßen spätestens an der Stelle auf die Komplexität der Gesellschaft, an der es ums Kleinarbeiten des Problems geht. Ein schönes Beispiel dafür ist die amerikanische Autorin Naomi Klein, die in der politischen Kommunikation zu radikalen Vereinfachungen neigt. Die Hauptthese in *Die Entscheidung: Kapitalismus vs. Klima* – so der Titel ihres aktuellen Buches – lautet: Wer den Klimawandel stoppen will, muss den Kapitalismus bekämpfen, und das geht am besten mit Hilfe einer neuen zivilgesellschaftlichen Massenbewegung.[97] Dass es sich dabei um eine geradezu marktschreierische Naivität handelt, wird man schwerlich abstreiten können, denn die Technik des Buches ist gar nicht so naiv, wie es scheint. Klein arbeitet die Probleme des Klimawandels tatsächlich klein – und verbindet in ihrem Buch eine kritische Rhetorik mit appellativen Aufrufen und einem wertegesättigten Gestus mit den am Ende üblichen verdächtigen politischen Vorschlägen, die seit langem diskutiert werden. Auch sie kann nichts anderes anbieten als den Vorschlag einer stärkeren Regulierung von Klimazielen. Auch sie kommt darauf, dass das Problem der Regulierung darin besteht, dass die Wirkungsräume des Politischen nicht so transnational sind wie die der ökonomischen Akteure. Auch sie weiß etwas darüber, dass die Geschwindigkeiten des Politischen und des Ökonomischen unterschiedlich und schwer zu synchronisieren sind. Sie hat sogar einen Sinn dafür, dass Regulierungen wieder ökonomische Folgen haben können, die den Klimazielen widersprechen können.

Man könnte auch sagen: Sie stößt auf die Komplexität einer Gesellschaft, die eben kein Solidarraum ist, in dem sich durch Appelle Interessen gleichrichten lassen. Und sie sieht auch, wie komplex ein Wirtschaftssystem ist, dessen Steuerungsfähigkeit begrenzt ist oder das allenfalls auf indirekte Formen der Steuerung reagiert.

Zusammengefasst: Klein sagt, was man zum Thema sagen kann. Seit ihrem Bestseller *Logo* ist sie eine Expertin für Markenkommunikation, und insofern weiß sie auch, wie man Logos baut: Man muss der Sache eine emotionalisierende Marke geben, und schon ist sie auf dem Markt erfolgreich. Es reicht dann, darauf zu setzen, dass die zivilgesellschaftliche Massenbewegung die Dynamik der Gesellschaft brechen werde – und die Appelle an die Moral der Einzelnen und an ihre Vergemeinschaftung steigern ihre Intensität mit den Einsichten, wie komplex und verwoben die Probleme sind.

Was an der Frage wirklich interessant wird, wird freilich nur *en passant* deutlich. Es ist die Grunderfahrung, dass jeder Eingriff in Prozesse nicht nur genau diese irritiert, sondern eben auch andere, die nach anderen Erfolgsbedingungen und Handlungsregeln funktionieren.

Eine nicht komplexitätsvergessene Vernunft wird also stets im Blick haben müssen, dass die Gesellschaft nicht aus einem Guss ist, sondern eben auch vielfältig auf Eingriffe reagiert. Man kann politische Forderungen aufstellen und dafür Loyalität und Wählerstimmen und damit Machtoptionen erhalten. Ökonomische Akteure werden darauf aber eben ökonomisch reagieren, und das Wirtschaftssystem wird darauf nicht mit einer Stimme, aber zum Beispiel in Form von Preisen reagieren. Man kann etwa, nur um ein Beispiel zu bemühen, die Dieseltechnologie bei Pkws steuerlich politisch verteuern, um Anreize für emissionsärmere oder -freie Antriebe zu erzeugen, wird aber auf dem Markt womöglich nur für Verschiebung sorgen, weil Wettbewerbsnachteile und -vorteile sich geografisch verschieben. Man wird womöglich auch wissenschaftlich darüber aufgeklärt, dass die Feinstaubemission von Diesel-Pkws bei der Gesamtbilanz der Belastung im Vergleich zur Industrie, zum Schwer- und Schiffsverkehr und zur Gebäudeheizung nur eine geringe Rolle spielt und deshalb nur wenig Auswirkungen auf den Klimawandel hat. Aber dieses wissenschaftliche Argument widerlegt eine populäre politische Maßnahme nicht, solange sie Handlungsfähigkeit im Hinblick auf Klimaziele vorgibt – und ist wissenschaftlich selbst mindestens umstritten.

Vielleicht werden manche Maßnahmen, die politisch opportun sind, auf besitzrechtliche Grenzen stoßen, und bisweilen kommt es vor, dass eine Maßnahme falsche ökonomische Anreize schafft, was etwa bei der Förderung alternativer Energien nicht selten der Fall ist. Man kann dann übrigens auch politische Maßnahmen als reine Symbolpolitik abtun, muss sich aber fragen lassen, was Politik denn sonst tun sollte, wenn ihr der vollständige Durchgriff auf die Gesellschaft verwehrt bleibt. Man muss das nicht im Einzelnen erläutern, um zu zeigen, dass dies die praktischen Auswirkungen jener gesellschaftlichen Komplexität sind, die ich entfaltet habe.

Es sollte die Fragerichtung nun deutlicher werden: Wer etwas erreichen will, muss mit dem Eigensinn der unterschiedlichen gesellschaftlichen Handlungsfelder rechnen. Eine mögliche Strategie bestünde etwa darin, sich die energetischen Verhältnisse bei ostasiatischen Kampftechniken abzuschauen. Besonders interessant sind dabei Techniken, die nicht auf Gegenkräfte oder starke Kraftentfaltung setzen, sondern darauf, die Energie des Gegenübers selbst zu nutzen, dessen Bewegungsenergie und -richtung sowie dessen Kraft einzusetzen, um sie in eine bestimmte Richtung zu lenken.

Der Klassiker ist sicher, dass man ökonomische Prozesse am besten durch Anreize lenken kann, durch die die Logik des Ökonomischen gerade nicht außer Kraft gesetzt, sondern für politische oder rechtliche Ziele genutzt wird. Umgekehrt wird man als Funktionär eines Wirtschaftsverbandes politische Akteure am besten damit gewinnen können, dass man Rahmenbedingungen schafft, die politisch gewollt sein könnten, man denke an Arbeitsplatzgarantien für die Einführung von bestimmten Technologien oder rechtliche Ausnahmeregelungen zur Durchführung von Modellprojekten, die sich dann sowohl rechtlich als auch ökonomisch als auch politisch »rechnen«. Solche Lösungen unterscheiden sich von der bloßen Implementation von »mehr Würde« oder vor dem weißen Blatt entworfenen Lösungen dadurch, dass sie die Wirkkräfte der Gesellschaft nutzen, um sich jene Einwirkungsmöglichkeiten zu verschaffen, auf die man hinzielt. Ich habe Erhard Epplers Erstaunen darüber erwähnt, dass da jemand eine (vermeintliche) Gesamtlösung parat hat, aber außer moralisch wohlfeilen Appellen ans Gewissen derjenigen, die nicht wollen, wie sie sollen, so gut wie nichts zu bieten hat beziehungsweise dazu sagen kann, wie man vom Status quo zum gewünschten Status kommen kann.

Um im Bilde der Kampftechnik zu bleiben: Was man hier braucht, ist eine ziemlich genaue Kenntnis des Gegenübers. Die Fähigkeit besteht gewissermaßen darin, das Gegenüber »lesen« zu können – und Konflikte sind dann so zu erklären, dass das »Lesen« offensichtlich nicht ausreicht, um die Bewegungsenergie des anderen ausnutzen zu können. Wenn es also stimmt, dass die moderne Gesellschaft nicht aus einem Guss ist, wenn es weiter stimmt, dass die unterschiedlichen Logiken gleichzeitig ablaufen und schon dadurch nicht kausal aufeinander abgestimmt werden können, sind die meisten Schnittstellenprobleme zwischen den unterschiedlichen Intelligenzen Übersetzungskonflikte und die wohl wichtigste Fähigkeit für kluge Programme Übersetzungsfähigkeiten. Bevor ich diesen Faden weiter aufnehme, widme ich mich zunächst dem Begriff der Übersetzung.

Übersetzungen

Übersetzung meint mitnichten eine reine Übertragung von Informationen von der einen in eine andere Sprache, keine Eins-zu-eins-Übertragung ohne Rest. Übersetzungen erzeugen stets neue Realitäten, schon weil sie sich in anderen (kulturellen) Kontexten bewähren und an andere Traditionen anschließen müssen, Metaphern und Bilder nicht einfach übertragen werden können.[98]

Der moderne Übersetzungsansatz bricht mit der romantischen Humboldt'schen[99] oder Herder'schen[100] Vorstellung von der Übersetzung als einem Akt der »Treue«, in dem das »Fremde« in das »Eigene« transportiert wird, um die »Bildung« der eigenen Nation zu erweitern.[101] Spätestens seit den 1920er-Jahren wurde die klare Unterscheidung zwischen dem Original und der Übersetzung aufgehoben. Walter Benjamin hat dazu ein schönes Bild entwickelt: Er vergleicht die Übersetzung mit einer Tangente, die einen Kreis berührt; sie treffen sich an einem Punkt und gehen danach ihrer Wege.[102]

Diese Wege wurden später von Theoretikern wie Jacques Derrida[103] oder Homi Bhabha[104] weiterverfolgt, die sich beide aus je unterschiedlichen Perspektiven dafür interessieren, dass die Übersetzung keineswegs vom Original diktiert wird. Diskutiert wurde, inwiefern der jeweilige Übersetzungskontext darüber bestimmt, wie ein zu übersetzender Text kulturell geformt wird. Die Idee der kulturellen Übersetzung und Ko-Konstruktion führte bald zur stärkeren Einbeziehung von Kontexten – schärfer formuliert: zur Verortung der Übersetzung innerhalb eines sozialen Kontextes. Die als *social turn* der *translation studies* gekennzeichnete neue Wendung war damit eingeleitet. In den Blick aktueller Forschungsfragen rückte die Differenz von Text und Übersetzung, und man führte eben diese als eine »socially regulated activity«[105] ein. Daraus folgt eine endgültige Absage an Figuren des eindeutigen Transfers sowie der Übertragung im Sinne eines linearen Kommunikationsmodells oder einer irgendwie zu bestimmenden Adäquatheit der Übersetzung.[106]

Dieser Befund deckt sich mit dem, was ich im dritten Kapitel im Zusammenhang mit dem mathematischen Kommunikationsbegriff von Shannon und Weaver entwickelt habe, wonach auch Kommunikation nicht einfach als Übertragung einer Bedeutung vom Sender zum Empfänger gilt. Vielmehr ist es der Empfänger selbst, der aus seinem Horizont zunächst Unstrukturiertes als Information restrukturiert. Auch hier könnte man von einem »rewriting« oder einer Rekombination von Möglichkeiten sprechen. Letztlich gerät dann sogar Kommunikation zu einem Übersetzungsprozess. Kommunikation wie Übersetzung sind Konzepte, die weniger Verbindungen und Kopplungen im Blick haben als vielmehr ein Management von Unterbrechungen beinhalten. Wir müssen nur deshalb kommunizieren, weil wir uns nicht unmittelbar erreichen können – und wir müssen nur deshalb übersetzen, weil es eine unüberwindliche Kluft zwischen »Original« und »Übersetzung« gibt. An den Schnittstellen zwischen den unterschiedlichen Logiken findet keine Informationsübertragung statt, vielmehr wählen die jeweiligen Seiten nach ihren je eigenen Kriterien mit Bordmitteln aus der Fülle möglicher Anschlüsse aus und übersetzen ihre Umwelt in für sie selbst relevante Informationen, mit denen sie umgehen.

Übersetzungskonflikte

Von diesem Übersetzungsbegriff kann man lernen, dass eine Gesellschaft mit verteilten Intelligenzen zweierlei leisten muss: Es muss zum einen deutlich werden, dass die Konflikte zwischen den unterschiedlichen Intelligenzen und Funktionen als Übersetzungskonflikte zu rekonstruieren sind, zum anderen muss deutlich werden, dass solche Übersetzungskonflikte nur mit Hilfe angemessener *Übersetzungskompetenzen* bearbeitet werden können. Ein Übersetzungskonflikt ist nicht prinzipiell lösbar, weil es zwischen den unterschiedlichen Logiken so etwas wie eine letztgültige Übertragung nicht geben kann. Es geht eben nicht darum, eine mögliche »Wahrheit« über die Gesellschaft zu imaginieren – deshalb spreche ich auch explizit von der *letzten Stunde der Wahrheit* – nicht um einem postmodernen Relativismus das Wort zu reden, sondern um zu zeigen, dass Akteure aktiv mit der Perspektivendifferenz der Gesellschaft umgehen lernen müssen.

Um noch einmal das Beispiel des Klimawandels und der ökologischen Gefährdungen der Gesellschaft aufzunehmen: Die Gesellschaft verarbeitet diese Gefährdungen eben nicht als eine einheitliche Gesellschaft, sondern gleichzeitig politisch, ökonomisch, rechtlich, wissenschaftlich, künstlerisch, religiös, pädagogisch, medial und nicht zuletzt in konkreten privaten Entscheidungsprogrammen. Und innerhalb dieser unterschiedlichen Logiken wird dieses Problem ganz unterschiedlich und vielfältig verarbeitet. Es gibt unterschiedliche politische Konzepte, über die politisch gestritten wird, es gibt unterschiedliche ökonomische und unternehmerische Strategien mit dem Thema, über die auf Märkten entschieden wird, das Rechtssystem ist geradezu prädestiniert dafür, unterschiedliche Perspektiven und Interessen zu berücksichtigen, nicht einmal Wissenschaft kann so etwas wie letzte Eindeutigkeiten über Diagnose und Therapie ökologischer Probleme liefern, weil Wissenschaft mit deutlichem Wissen stets auch deutlichen Zweifel am Wissen etabliert. Es geht also innerhalb der Logiken um den Umgang mit einer erheblichen Dynamik und um die Anwendung der jeweiligen internen Handlungsregeln – und zwischen den Logiken um den Umgang mit der Dynamik von gleichzeitig Unterschiedlichem und den entsprechenden Übersetzungskonflikten. Selbst wenn man wüsste, was wissenschaftlich gilt, stellt sich die Frage:

Wie wird dies in politische Programme übersetzt, mit denen man das Grundproblem des Politischen, nämlich Machterhalt und Loyalität, zugleich bearbeiten kann? Und wie kann man diese Programme in Rahmenbedingungen für wirtschaftliche Entscheidungen übersetzen? Und wie übersetzt man die normativen Programme des Politischen in die Verhaltensdispositionen von Konsumenten und privaten Entscheidern?

An diesem Beispiel wird die ganze Komplexität einer Gesellschaft sichtbar: Sie etabliert zwar immer mehr Sprecher, die sich eine funktionierende Welt vorstellen können – pars pro toto habe ich Niko Paechs Appelle an *weniger Konsum* und *mehr Würde* genannt –, aber deren Expertise reicht nicht dazu aus, das strukturelle Problem der Gesellschaft in Rechnung zu stellen. Meiner Analyse stellt sich tatsächlich so etwas wie ein Darstellungsproblem, weil es kaum möglich ist, sie in eine appellative Form zu bringen oder gar mit politischen Forderungen zu verbinden. Es wird ihr sogar schwerfallen, irgendwie *sympathisch* sein zu können, weist sie doch exakt auf das Problem hin, dass das Appellative und die sympathische Beschreibung von Lösungen in ein strukturelles Problem geraten, das mit der Chiffre nachgerade haltloser Komplexität geschlagen ist.

Der einzige Appell wäre tatsächlich der: Problemlösungstools und Versuche der Einwirkung in komplexe Dynamiken und Prozesse sollten mit dem Problem der Komplexität rechnen und darin eine neue Form der Expertise entdecken. Diese muss heute wohl eine moderierende Expertise sein, die die Multiplizität von Expertisen erkennt, auch das Faktum, dass es keine letzten Lösungen gibt.

Vielleicht hilft dabei ein historischer Blick. Sieht man sich zivilisatorische Fortschritte des Modernisierungsprozesses an, so etwas wie evolutionär universal gewordene Standards, stößt man darauf, dass die Gesellschaft gerade aufgrund ihrer Komplexitätssteigerung immer neue Formen »erfunden« hat, mit Perspektivendifferenz umzugehen. Auf die Differenzierung in unterschiedliche Logiken und Intelligenzen habe ich am Beispiel Galileis und Papst Urbans VIII. als Parabel für das Auseinandertreten von religiösen, rechtlichen und wissenschaftlichen Formen der Weltverarbeitung hingewiesen. Etwas Ähnliches erfolgt auch innerhalb einzelner Logiken, wenn man etwa an die vollständige Umstellung des Ökonomischen aufs Geld denkt. Geld hat oft eine schlechte Presse, aber es gehört unbestreitbar zu den besonderen Errungenschaften des Geldes, Unterschiedliches kompatibel zu machen, das heißt, mit Vielfalt und Perspektivendifferenz umzugehen und dafür ein gemeinsames Maß zu finden. Viele Kulturkritiken des Geldes leiden gerne daran, wie unpersönlich und objektivierend das Geld sei – aber das ist gerade seine Stärke: Werte ineinander übersetzbar zu machen und dabei von der Person des Trägers beziehungsweise Besitzers dieser Werte absehen zu können.

Ein anderes Beispiel ist die Wissenschaft, die eine merkwürdige Paradoxie bearbeitet: Einerseits soll wissenschaftliches Wissen ganz objektiv gelten, also etwas beschreiben, das unabhängig vom konkreten wissenschaftlichen Beobachter so ist, wie es ist. Andererseits aber muss Wissenschaft stets eine methodische Selbstkritik üben und damit demonstrieren, dass man nur sehen kann, was bestimmte Methoden hergeben, und dass manches Bild eher ein Artefakt der Methoden als einer beobachterunabhängigen Wirklichkeit ist – das gilt etwa für die eindrücklichen Bilder von Hirnscans oder das EKG, aber auch für Atommodelle in den Naturwissenschaften, sogar für die beobachterabhängigen Epistemologien der historischen und Geisteswissenschaften und der Sozialwissenschaften. Wissenschaft sagt uns, was der Fall ist, sie macht den Beobachter sichtbar und damit die Perspektivität allen Sehens.

Die Demokratie ist geradezu ein Generator unterschiedlicher Auffassungen über die Welt – und zwar nicht als Betriebsunfall, sondern als konstitutives Merkmal. Es ist insbesondere die Opposition, also die andere Auffassung als Teil des institutionellen Prozesses der Herstellung von kollektiv bindenden Entscheidungen, die den Machthaber dazu zwingt, Entscheidungen, die er aufgrund der Mehrheitsverhältnisse ohnehin treffen könnte, mit guten Gründen zu versehen und sie im Lichte anderer Möglichkeiten zu treffen. Dazu gehört auch die Gewaltenteilung in demokratischen Formen der Staatlichkeit: Legislative, Exekutive und Judikative, wie wir sie seit John Locke und Montesquieu kennen und die die Funktion haben, die Unterschiedlichkeit der Problemlösungstools zu betonen und zu organisieren. Diese Gewaltenteilung oder -trennung ist so universal für westliche Demokratien geworden, dass die Abweichung von diesem Modell das entscheidende Kriterium für die Kritik an eher monokratischen Formen der Demokratie geworden ist, die zwar Wahlen kennen, aber eben diesen Mechanismus systematisch korrumpieren – man denke aktuell etwa an Russland oder die Türkei.

Dass Modernisierungsprozesse fast immer auch mit der Entstehung mehr oder weniger freier Märkte zu tun haben, ist kein Zufall. Ohne Zweifel bilden sich in Märkten gesellschaftliche Machtstrukturen ab, insbesondere wenn es um Einflussmöglichkeiten aufgrund von Besitz und Zugang zu Ressourcen geht. Was Märkte aber vor allem etablieren, ist eine Art Universalisierung von Perspektivendifferenz, also von individuellen Spielern mit je individuellen Entscheidungspositionen, die gerade nicht vereinheitlicht werden sollen. Gibt es im Politischen noch so etwas wie eine semantische Idee der gemeinsamen Interessen – nicht umsonst hatte Hegel im Staat die »Wirklichkeit der sittlichen Idee« gesehen –, kommt man ökonomisch nicht einmal auf die Idee, dass der Markt eine Gemeinschaft sein sollte – es sei denn, man spricht politisch über die Ökonomie. Ökonomisch gesehen unterlaufen Märkte durch Betonung individueller, wohlgemerkt: *unterschiedlicher* individueller Interessen und Perspektiven die politische Zumutung ihrer Zurichtung als kollektive Veranstaltungen.

Besonders in der Wirtschaft, aber nicht nur dort, findet eine Etablierung von Organisationen statt. Was als Verbetrieblichung des Ökonomischen beschrieben werden kann, ist analog dazu die Verschulung der Bildung, die Etablierung von Universitäten in der Wissenschaft, die Interessenvertretung in Verbänden, die Meinungsbildung in und durch Parteien und nicht zuletzt die Organisation kollektiv bindender Entscheidungen im Organisationsarrangement des Staates in Parlamenten, Verwaltungen, Regierungen und Ministerien. Organisationen sind soziale Systeme, die die Perspektivendifferenz und Arbeitsteilung, die Differenz von Aufgaben und Zuständigkeiten, die Gleichzeitigkeit von Unterschiedlichem und den Versuch, diese unterschiedlichen Formen und Tätigkeiten auch noch koordinierend aufeinander zu beziehen, geradezu paradigmatisch betreiben. Organisationen etablieren stets so etwas wie eine Führungsebene, die diese Koordinationsaufgabe übernehmen soll – und die doch nur eine ihrer Instanzen und Perspektiven ist. Organisationen organisieren nicht organisierbare Komplexität.

Moderne Rechtssysteme erkennen die Differenz von Perspektiven geradezu als ihre Bedingung an, weil sie den Konflikt nicht vermeiden, sondern handhabbar machen. Es wird im Zivilrecht nicht als illegitim angesehen, dass es unterschiedliche Interessen gibt, diese sollen vielmehr rechtlich vermittelt werden. Und das Prozessrecht etabliert – sowohl im Zivil- als auch im Strafrecht – die Differenzierung in unterschiedliche Instanzen und Parteien, die eben nicht gemeinsam, sondern zugleich miteinander und gegeneinander arbeiten *sollen*.

Urbanität als die vielleicht grundlegendste Form moderner Sozialverbände zeichnet sich dadurch aus, dass zusammenkommt, was nicht zusammengehört, will heißen: Unterschiedliche Milieus, Lebensformen, Konfessionen, sozialmoralische Standards, Funktionen, Intelligenzen, Berufe usw. finden sich an einem Ort vor, ohne dass so etwas wie eine starke Form der Gemeinschaft gefunden werden muss. Das Urbane ist eine Verhaltensdisposition: Wir gewöhnen uns an das Fremde so, dass wir es nicht einmal schätzen und goutieren müssen, um es nicht prinzipiell bedrohlich zu finden. Ein urbaner Habitus ist ein Habitus des Wegschauens, also des Aushaltens von Differenz.

Die Liste ließe sich noch verlängern. Was diese Beispiele aber schon zeigen, ist dies: Man kann die kurze Geschichte der Moderne als eine Etablierung von Sprechern und Sprecherpositionen rekonstruieren. Die Demokratie lässt die Gegner der Regierung sprechen, die Wissenschaft etabliert den Streit unterschiedlicher Lösungen, das Recht bringt Antipoden im Gerichtssaal zusammen, Bildungsprogramme vergleichen Unterschiedliches und machen uns mit den Erfahrungen anderer vertraut. Städtische Lebensformen etablieren Pluralität, und die Pluralität von Lebensformen lässt es immer wahrscheinlicher werden, dass neue Sprecher entstehen. Insofern ist die Moderne, bisweilen ohne Intention und womöglich gegen den Willen der Mehrheit, stets ein Emanzipationsprogramm für neue Sprecher gewesen: die Frauen, die Unterschichten und die kulturell und ethnisch anderen, die nicht hochkulturell-bürgerliche Kultur, die Homosexuellen und die konfessionell beziehungsweise religiös anderen. Nicht, dass all diese Sprecher auf einmal anerkannt würden, aber als Sprecher waren sie da – und man kann sie nicht mehr loswerden, weswegen sich gegenwärtige Kulturkämpfe gerade um solche Sprecherpositionen drehen, wie ich sie bereits im ersten Kapitel angedeutet habe.

All diese Beispiele weisen auf die Selbstanpassung moderner Gesellschaften an Komplexität und Perspektivendifferenz hin. Sie alle sind Beispiele dafür, wie sich unterschiedliche Sprecher etablieren, vor allem aber: wie die Gesellschaft die Unterschiedlichkeit der Perspektiven zu entdramatisieren, in Form zu bringen und damit umzugehen sucht. Und an dieser Geschichte muss weiter geschrieben werden.

Die Komplexität der Gesellschaft ist so sehr gestiegen, dass sich die Frage, wie offensiv mit Perspektivendifferenz und der Komplexität umgegangen werden kann, immer dringlicher stellt. An anderer Stelle habe ich vorgeschlagen, es bedürfe womöglich einer Erweiterung des Parlamentarismus, der nicht nur die Perspektiven der unterschiedlichen sozialen Gruppen, Milieus und Interessen abbildet, sondern auch die unterschiedlichen Funktionen und Logiken. Ich sprach von einem *Parlament der Funktionen oder Logiken.*[107] Das war womöglich zu politiknah gedacht. Sieht man aber empirisch genauer hin, entstehen geradezu unmerklich Ansätze, in denen der Umgang mit der inkommensurablen Form der Perspektivendifferenz auf eine neue Art und

Weise eingeübt wird. Da dafür keine angemessenen Begriffe zur Verfügung stehen, segeln solche Anpassungen oft unter der Flagge der Ethik. Ich spreche von Ethikkommissionen und Ethikkomitees, wie sie insbesondere im biomedizinischen Bereich entstanden sind. Denkt man etwa an medizinische Ethikkomitees in Krankenhäusern, so ist deren Funktion nicht, der medizinischen noch eine ethische Komponente an die Seite zu stellen, um am Krankenbett die richtige Entscheidung zu treffen. Die Funktion solcher Komitees besteht vielmehr darin, oftmals völlig entscheidungsentlastet und jenseits konkreter Fälle die unterschiedlichen Instanzen, Berufsgruppen und Funktionen eines Krankenhauses an einen Tisch zu bekommen, um mit der vorhandenen Multiprofessionalität umgehen zu können.[108] Solche Komitees sind deshalb besonders interessant, weil sie sich, obwohl mit anderen Intentionen gegründet, funktional auf das Bezugsproblem der Perspektivendifferenz in einer multiprofessionellen Organisation eingestellt haben.

Ähnliches lässt sich über den Deutschen Ethikrat sagen. Ich war im September 2016 neben einigen anderen Wissenschaftlern eingeladen, in einem Vortrag eine Art Evaluation der Tätigkeit des Deutschen Ethikrates zu versuchen.[109] Auffallend an der Konzeption des Ethikrates ist, dass hier keineswegs Ethiker zusammensitzen, die biomedizinische oder auch politische Entscheidungsformen ethisch bewerten. Ethiker sind vielmehr in der Minderheit. Das klassische Mitglied des Ethikrates ist ein wissenschaftlicher Experte, der vor allem Sachverstand aus dem Bereich der unterschiedlichen betroffenen Tätigkeitsfelder (hier mit medizinischem Schwerpunkt) mitbringt. Verhandelt wird im Ethikrat letztlich, wie unterschiedliche Sprechweisen, man könnte sagen: die Repräsentation unterschiedlicher Intelligenzen, sich kommunikativ aufeinander beziehen können. Was hier eingeübt wird, ist eben nicht einfach die Anwendung eines Expertenalgorithmus, sondern eine Expertise, die sich schon aufgrund des Versuchsaufbaus zivilisiert, das heißt argumentationsförmig mit anderen Perspektiven auseinandersetzen muss, um die Bedingungen für Entscheidungsprogramme und entsprechende Politikberatung (so der Auftrag an das Gremium) auszuloten.

Ich will damit nur darauf hinweisen, dass diese performative Einübung in Perspektivendifferenz womöglich die Form der Expertise sein wird, die die komplexitätsvergessenen Konzepte einer wünschenswerten, vor einem weißen Blatt Papier entworfenen Welt durch eine Komplexitätsverarbeitung ersetzt, die das in Rechnung stellt, was die Kybernetik mit dem Begriff der »Zustandsdeterminiertheit« belegt: mit den Ressourcen umzugehen, die hier und jetzt und entscheidungsfähig zur Verfügung stehen.

Funktionale Äquivalente zu den beiden Beispielen für Ethikkomitees wären in anderen Feldern interdisziplinäre Arbeitsgruppen, interministerielle Entscheidungsgremien, Formen der Bürger- und Betroffenenbeteiligung, Projektstrukturen in Unternehmen, Thinktanks mit projektförmigen Aufträgen für Szenarien. Manche Produktentwicklung und Forschung im IT-Bereich hat inzwischen den Arbeitsmodus des einsam arbeitenden Experten gesprengt und über Plattformen die Vernetzung von Expertise in einen völlig neuen Rahmen gebracht. Dass all das Beispiele sind, die vor allem organisationsnah gebaut sind, ist kein Zufall, sind doch Organisationen womöglich diejenigen Instanzen, in denen die Etablierung zivilisierter Formen des Interessen- und Perspektivenausgleichs am ehesten gelingen kann. Jedenfalls möge mein Vorschlag nicht als Aufforderung verstanden werden, die Gesellschaft nun mit solchen Gremien zu pflastern, sondern als Hinweis darauf, auf welches Bezugsproblem die geradezu naturwüchsige Entstehung solcher Organisationsformen reagiert.

Jedenfalls sind das Ausformungen, die weder auf ein großes »Wir« setzen noch eine neue Welt entwerfen oder eine Art Gemeinschaftsideologie umsetzen wollen. Hier geht es eher darum, den Umgang mit und die Nutzung von Perspektivendifferenz zu etablieren. Man muss dies in die Tradition dessen stellen, was ich als Grundtendenz der Moderne beschrieben habe: die Einübung des Umgangs mit Perspektivendifferenz. Lösungen und Handlungsperspektiven kann es erst *nach der letzten Stunde der Wahrheit* geben.

Anmerkungen

1 Die wichtigsten, die in Buchform vorliegen: *Die Zeit der Gesellschaft*. Opladen 1993, 2. Aufl. Wiesbaden 2008; *Differenzierungsfolgen. Beiträge zur Soziologie der Moderne*. Opladen 1999; *Geschlossenheit und Offenheit. Studien zur Theorie der modernen Gesellschaft*. Frankfurt am Main 2003; *Der soziologische Diskurs der Moderne*. Frankfurt am Main 2006; *Gesellschaft der Gegenwarten. Studien zur Theorie der modernen Gesellschaft II*. Berlin 2011.

2 Pierre Bourdieu: *Meditationen. Zur Kritik der scholastischen Vernunft*. Frankfurt am Main 2001, S. 68.

3 Vgl. Ulrich Bröckling: *Das unternehmerische Selbst. Soziologie einer Subjektivierungsform*. Frankfurt am Main 2007.

4 Byung Chul Han: *Psychopolitik. Neoliberalismus und die neuen Machttechniken* (E-Book-Ausgabe). Frankfurt am Main 2014, Pos. 26/1123.

5 Hartmut Rosa: *Weltbeziehungen im Zeitalter der Beschleunigung. Umrisse einer Gesellschaftskritik*. Berlin 2012, S. 9.

6 Louis Althusser: »Idéologie et appareils idéologiques d'Etat. Notes pour une recherche«, in: *La Pensée*, Nr. 151, 1970.

7 Werner Schneider: »Zwischen ›Leben schenken‹ und dem Einsatz von ›Körperkapital‹. Soziologische Konturen der ›Transplantationsgesellschaft‹«, in: Lea Schumacher, Oliver Decker (Hg.): *Körperökonomien. Der Körper im Zeitalter seiner Handelbarkeit*. Gießen 2014, S. 93–108.

8 Mona Motakef: *Körper Gabe. Ambivalente Ökonomien der Organspende.* Bielefeld 2011.

9 Vgl. Pierre Bourdieu: »Narzißtische Reflexivität und wissenschaftliche Reflexivität«, in: Eberhard Berg, Martin Fuchs (Hg.): *Kultur, soziale Praxis, Text. Die Krise der ethnographischen Repräsentation.* Frankfurt am Main 1993, S. 365–374.

10 Pierre Bourdieu: *»Leçon sur la leçon«*, in: ders.: *Sozialer Raum und »Klassen«. Leçon sur la leçon. Zwei Vorlesungen.* Frankfurt am Main 1985, S. 47–80.

11 Sehr instruktiv dazu Jan-Werner Müller: *Was ist Populismus? Ein Essay.* Berlin 2016. Vgl. auch: Armin Nassehi: *Die Wiedergewinnung des Politischen. Eine Auseinandersetzung mit Wahlverweigerung und kompromisslosem Protest.* St. Augustin/Berlin 2016.

12 Brian Schaffner, Matthew MacWilliams, Tatishe Nteta: »Explaining White Polarization in the 2016 Vote for President: The Sobering Role of Racism and Sexism, Presentation at the Conference on The U.S. Elections of 2016: Domestic and International Aspects«. January 8–9, 2017, IDC Herzliya Campus (http://people.umass.edu/schaffne/schaffner_et_al_IDC_conference.pdf).

13 Pierre Bourdieu: *Vom Gebrauch der Wissenschaft. Für eine klinische Soziologie des wissenschaftlichen Feldes.* Konstanz 1997, S. 27.

14 Erich Weede: »Freiheit impliziert Ungleichheit – Ungleichheit impliziert Ansporn und Chancen«; Elmar Altvater: »Die Dialektik der Ausbeutung. Ohne Ausbeutung keine Moderne, mit Ausbeutung keine Zukunft«, beide in: *Kursbuch 179: Freiheit, Gleichheit, Ausbeutung.* Hamburg 2014.

15 Mancur Olson: *Die Logik des kollektiven Handelns. Kollektivgüter und die Theorie der Gruppen.* Tübingen 2004.

16 Karl Homann: *Sollen und Können. Grenzen und Bedingungen der Individualmoral.* Wien 2014; Karl Homann, Christoph Lütge: *Einführung in die Wirtschaftsethik.* Münster 2013.

17 Colin Crouch: *Das befremdliche Überleben des Neoliberalismus.* Berlin 2011, S. 175.

18 Armin Nassehi: »Ökonomisierung? Politisierung? Differenzierung? Über das schwierige Verhältnis von Wirtschaft und Politik nebst einer Klärung der Frage, wer die Guten und wer die Bösen sind«, in: Detlef Horster, Franziska Martinsen (Hg.): *Verbotene Liebe? Zum Verhältnis von Wirtschaft und Politik.* Weilerswist 2014.

19 Ulrich Brand: *Post-Neoliberalismus? Aktuelle Konflikte und gegenhegemoniale Strategien.* Hamburg 2011; Meinhard Miegel: *Hybris. Die überforderte Gesellschaft.* Berlin 2014.

20 Ulrich Brand: »Das bornierte Streben nach Profit«, in: *Frankfurter Allgemeine Zeitung* vom 27.07.2014; Meinhard Miegel: »Die unerwiderte Liebe der Menschen zum Kapitalismus«, in: *Frankfurter Allgemeine Zeitung* vom 17.08.2014.

21 Ulrich Beck, Anthony Giddens, Scott Lash: *Reflexive Modernisierung. Eine Kontroverse.* Frankfurt am Main 1996.

22 Jürgen Habermas, Niklas Luhmann: *Theorie der Gesellschaft oder Sozialtechnologie – was leistet die Systemforschung?.* Frankfurt am Main 1971.

23 Dazu schon Armin Nassehi: »Die Macht der Unterscheidung. Ordnung gibt es nur im Durcheinander«, in: *Kursbuch 173: Rechte Linke.* Hamburg 2013, S. 9–31.

24 Gotthard Günther: »Life as Polycontexturality«, in: ders.: *Beiträge zur Grundlegung einer operationsfähigen Dialektik,* Bd. 2. Hamburg 1979, S. 182–306.

25 Armin Nassehi: *Gesellschaft der Gegenwarten. Studien zur Theorie der modernen Gesellschaft II.* Berlin 2011, S. 123–160.

26 Vgl. Ulrich Beck: *Die Erfindung des Politischen.* Frankfurt am Main 1993, S. 78.

27 Michel Foucault: »Andere Räume«, in: Martin Wentz (Hg.): *Stadt-Räume*. Frankfurt am Main/New York, S. 65–72, hier S. 68. Vgl. auch Michel Foucault: *Die Heterotopien. Der utopische Körper*. Frankfurt am Main 2005.

28 Howard Rheingold: *The Virtual Community. Homesteading at the Electronic Frontier*. Reading MA 1993.

29 Sascha Lobo: »Die digitale Kränkung des Menschen«, in: *Frankfurter Allgemeine Sonntagszeitung* vom 11.01.2014.

30 Howard Rheingold: *Smart Mobs. The Next Social Revolution*. Jackson 2003.

31 James Surowiecki: *The wisdom of crowds. Why the many are smarter than the few and how collective wisdom shapes business, economies, societies and nations*. London 2004.

32 Mark Granovetter: »The Strength of Weak Ties«, in: *American Journal of Sociology* 78/6 (1973), S. 1360–1380.

33 Klaus D. Schmidt: *Maß und Wahrscheinlichkeit*. Berlin 2009, S. 337 ff.

34 Friedrich August Hayek: »The Use of Knowledge in Society«, in: ders.: *Individualism and Economic Order*. Auburn, Alabama 2009 (Reprint der Ausgabe von 1948), S. 77.

35 Gregory Bateson: *Ökologie des Geistes. Anthropologische, psychologische, biologische und epistemologische Perspektiven*. Frankfurt am Main 1981, S. 33.

36 Ebd., S. 33.

37 Armin Nassehi: »Die Macht der Unterscheidung. Ordnung gibt es nur im Durcheinander«, in: *Kursbuch 173: Rechte Linke*. Hamburg 2013, S. 9–31.

38 Vgl. Armin Nassehi: »Das Problem der Optionssteigerung. Überlegungen zur Risikokultur der Moderne«, in: ders.: *Differenzierungsfolgen. Beiträge zur Soziologie der Moderne*. Opladen 1999,

S. 29–48; Armin Nassehi: *Geschlossenheit und Offenheit. Studien zur Theorie der modernen Gesellschaft*. Frankfurt am Main 2003, S. 168 ff.

39 Ralf Fücks: *Intelligent wachsen. Die grüne Revolution*. München 2013.

40 Hans-Christoph Binswanger: *Vorwärts zur Mäßigung. Perspektiven einer nachhaltigen Wirtschaft*. Hamburg 2009.

41 Niko Paech: »Postwachstumsökonomie – ein Vademecum«, in: *Zeitschrift für Sozialökonomie* 46, 160./161. Folge, 2009, S. 28–31, hier S. 29.

42 Hartmut Rosa: *Beschleunigung. Die Veränderung der Zeitstrukturen der Moderne*. Frankfurt am Main 2005.

43 Wolfgang Streeck: *Gekaufte Zeit. Die vertagte Krise des demokratischen Kapitalismus*. Frankfurt am Main 2013 (zitiert nach der auf der 1. Aufl. basierenden E-Book-Ausgabe 2013, Pos. 1630 ff.).

44 Matthias Hansl: »Falsch gewählt. Nach der Arabellion«, in: *Kursbuch 174: Richtig wählen*. Hamburg 2013, S. 37–53.

45 Laura Rischberger: »Die Schönheit vergangener Zeiten und die dunkle Macht des Marktes«, in: *Journal of Modern European History* 12/1 (2014), S. 37–43.

46 Jürgen Habermas: »Demokratie oder Kapitalismus? Vom Elend der nationalstaatlichen Fragmentierung in einer kapitalistisch integrierten Weltgesellschaft«, in: *Blätter für deutsche und internationale Politik* 5, 2013, S. 59–70.

47 Stephen Emmott: *Zehn Milliarden*. Berlin 2013, S. 18–19.

48 Armin Nassehi: *Gesellschaft der Gegenwarten. Studien zur Theorie der modernen Gesellschaft II*. Berlin 2011, S. 165.

49 Claude Shannon, Warren Weaver: *The Mathematical Theory of Communication*. Urbana 1949.

50 Armin Nassehi: »Wenn wir wüssten! Kommunikation als Nichtwissensmaschine«, in: *Kursbuch 180: Nicht wissen*. Hamburg 2014.

51 Jürgen Habermas: *Legitimationsprobleme im Spätkapitalismus.* Frankfurt am Main 1973, S. 10.

52 Erich von Holst, Horst Mittelstaedt: »Das Reafferenzprinzip (Wechselwirkungen zwischen Zentralnervensystem und Peripherie)«, in: *Naturwissenschaften*, 37. Jg., 1950, S. 464–476.

53 Ernst Pöppel: *Der Rahmen. Ein Blick des Gehirns auf unser Ich.* München/Wien 2006, S. 463.

54 Ebd., S. 124.

55 Ebd.

56 Arthur M. Lesk: *Bioinformatik. Eine Einführung.* Heidelberg/Berlin 2003.

57 Michael Tomasello: *Eine Naturgeschichte des menschlichen Denkens.* Berlin 2014.

58 Ernst Pöppel: *Der Rahmen. Ein Blick des Gehirns auf unser Ich.* München/Wien 2006, S. 115.

59 Armin Nassehi: »Nur keine Kopie sein. Übers wahre Wesen des freien Willens«, in: *Süddeutsche Zeitung* vom 22.08.2008; Armin Nassehi: *Mit dem Taxi durch die Gesellschaft. Soziologische Storys.* Hamburg 2013, S. 60–81.

60 Vgl. Armin Nassehi: *Soziologie. Zehn einführende Vorlesungen.* Wiesbaden 2011, S. 31 ff. und S. 51 ff.

61 Armin Nassehi: »Geschlecht im System«, in: ders.: *Gesellschaft der Gegenwarten. Studien zur Theorie der modernen Gesellschaft II.* Berlin 2011, S. 265–288.

62 Allgemein zur Funktion von Verbreitungsmedien Niklas Luhmann: *Die Gesellschaft der Gesellschaft.* Frankfurt am Main 1997, S. 190 ff.; Marshall McLuhan: *Die magischen Kanäle.* Düsseldorf 1968; Friedrich A. Kittler: *Die Wahrheit der technischen Welt. Essays zur Genealogie der Gegenwart.* Berlin 2013.

63 Dirk Baecker: *Studien zur nächsten Gesellschaft.* Frankfurt am Main 2007, S. 169.

64 Howard Rheingold: *The Virtual Community. Homesteading at the Electronic Frontier.* Reading MA 1993.

65 Sascha Lobo: »Das Internet ist nicht das, wofür ich es gehalten habe«, in: *Frankfurter Allgemeine Zeitung* vom 12.01.2014.

66 Howard Rheingold: *Smart Mobs. The Next Social Revolution.* Jackson 2003.

67 Byung Chul Han: *Psychopolitik. Neoliberalismus und die neuen Machttechniken* (E-Book-Ausgabe), Frankfurt am Main 2014, Pos. 26/1123.

68 Michel Foucault: »Technologien des Selbst«, in: ders. et al.: *Technologien des Selbst.* Frankfurt am Main 1993, S. 24–62.

69 Vgl. dazu Daniela Döring: *Zeugende Zahlen. Mittelmaß und Durchschnittstypen in Proportion, Statistik und Konfektion des 19. Jahrhunderts.* Berlin 2011.

70 Vgl. dazu Armin Nassehi: »Asymmetrien als Problem und als Lösung«, in: Bijan Fateh-Moghadam, Stephan Sellmaier, Wilhelm Vossenkuhl (Hg.): *Grenzen des Paternalismus.* Stuttgart 2009.

71 Gerd Gigerenzer: *Bauchentscheidungen. Die Intelligenz des Unbewussten und die Macht der Intuition.* München 2013; Gerd Gigerenzer: *Risiko. Wie man die richtigen Entscheidungen trifft.* Gütersloh 2013; auch Martin G. Kocher: »Richtig falsch. Verzerrungen, Abweichungen und Fehler bei der Entscheidungsfindung«, in: *Kursbuch 180: Nicht wissen.* Hamburg 2014, S. 157–172.

72 Edgar Morin: »Complexity«, in: *International Social Science Journal* 26, 1974, S. 555–582.

73 Thomas Piketty: *Das Kapital im 21. Jahrhundert.* München 2014.

74 Martin Feldstein: »Piketty's Numbers Don't Add Up. Ignoring dramatic changes in tax rules since 1980 creates the false impres-

sion that income inequality is rising«, in: *Wall Street Journal* vom 14.05.2014.

75 Zusammenfassend dazu Nikolaus Piper: »Der Meisterdenker. Thomas Piketty über Ungleichheit«, in: *Süddeutsche Zeitung* vom 17.05.2014; Hans-Werner Sinn: »Thomas Pikettys Weltformel«, in: *Frankfurter Allgemeine Zeitung* vom 13.05.2014.

76 Anthony Shorrocks, James B. Davies, Rodrigo Lluberas: *Global Wealth Databook 2013*. Zürich: Credit Suisse Research Institute 2013, S. 94.

77 Carmen Reinhart, Kenneth Rogoff: *Dieses Mal ist alles anders. Acht Jahrhunderte Finanzkrisen*. München 2011.

78 Niklas Luhmann: »Haltlose Komplexität«, in: ders.: *Soziologische Aufklärung*. Bd. 5: *Konstruktivistische Perspektiven*. Opladen 1990, S. 59–76, hier S. 61.

79 Karl Marx/Friedrich Engels: *Manifest der Kommunistischen Partei*, in: *MEW* Bd. 4. Berlin (DDR) 1959, S. 465.

80 Karl Marx: *Ökonomisch-philosophische Manuskripte aus dem Jahre 1844*, in: *MEW* Bd. 40, Berlin (DDR) 1968, S. 465–590, hier: S. 517.

81 Ebd., S. 520 f.

82 Max Weber: *Gesammelte Aufsätze zur Religionssoziologie*. Bd. 1. Tübingen 1972, S. 568.

83 Adam Smith: *Der Wohlstand der Nationen. Eine Untersuchung seiner Natur und seiner Ursachen*. München 1978, S. 17.

84 Niklas Luhmann: *Die Wirtschaft der Gesellschaft*. Frankfurt am Main 1988, S. 98.

85 Ebd. S. 100.

86 Joyce Appleby: *Die unbarmherzige Revolution. Eine Geschichte des Kapitalismus*. Hamburg 2011, S. 567.

87 Ebd.

88 Dazu schon Armin Nassehi: »Mehr Kapitalismus wagen? Schulden als Zeitmaschine«, in: *aviso. Zeitschrift für Wissenschaft und Kunst in Bayern*, 2/2013, S. 20–23.

89 Colin Crouch: *Das befremdliche Überleben des Neoliberalismus*. Berlin 2011, S. 159.

90 Ebd., S. 164.

91 Ebd., S. 175.

92 Herbert A. Simon: *Administrative Behavior. A Study of Decision Making Processes in Administrative Organization*. New York 1997.

93 Victoria von Groddeck: *Organisationen und Werte. Formen, Funktionen, Folgen*. Wiesbaden 2011.

94 Armin Nassehi: »Gut wirtschaften. Die anschwellende Wertorientierung in der Unternehmenskommunikation«, in: *Kursbuch 172: Gut leben*. Hamburg, S. 8–25.

95 Niko Paech: »Der zerstörerische Traum vom Fortschritt«, in: *Zeitonline* vom 03.01.2017 (http://www.zeit.de/wirtschaft/2017-01/europa-fortschritt-wachstum-industrie-digitalisierung-oekologie-klimawandel); Niko Paech: *Befreiung vom Überfluss. Auf dem Weg in die Postwachstumsökonomie*. München 2012.

96 »Verzichten oder grün wachsen«. Ein Gespräch zwischen Niko Paech und Erhard Eppler, in: *Zeitonline* vom 03.11.2016 (http://www.zeit.de/wirtschaft/2016-11/oekologie-umsteuern-wachstum-verzicht-erhard-eppler-niko-paech/komplettansicht?print).

97 Naomi Klein: *Die Entscheidung: Kapitalismus vs. Klima*. Frankfurt am Main 2015.

98 Norbert Greiner: *Grundlagen der Übersetzungsforschung*. Bd. 1: *Übersetzung und Literaturwissenschaft*. Tübingen 2004.

99 Wilhelm von Humboldt: »Einleitung zu Agamemnon«, in: *Gesammelte Schriften*. Bd. 8. Berlin 1909.

100 Johann Gottlieb Herder: *Über die neuere deutsche Literatur. Werke in zehn Bänden*. Bd. 1. Frankfurt am Main 1990.

101 Barbara Buden, Stefan Nowotny: »Cultural translation: An introduction into the problem«, in: *Translation Studies*, 2/2 (2009), S. 196–219.

102 Walter Benjamin: »The task of the translator«, in: Rainer Schulte, John Biguenet (Hg.): *Theories of Translation. An Anthology of Essays from Dryden to Derrida*. Chicago 1992.

103 Jacques Derrida, Lawrence Venutti: »What is a ›relevant‹ translation?«, in: *Critical Inquiry* 27/2 (2001), S. 174–200.

104 Homi K. Bhabha: »Cultures in between«, in: *Artforum International*, September 1993, S. 167–168; Homi K. Bhaba: *Nation and Narration*. London 1990.

105 Thomas Hermans: »Translation as institution«, in: Mary Snell-Hornby et al. (Hg.): *Translation as Intercultural Communication*. Amsterdam, Philadelphia 1997, S. 3–20.

106 Richard Freeman: »What is ›translation‹?«, in: *Evidence & Policy*, 5/4 (2009), S. 429–447; Susan Bassnett, Andre Lefevre: *Translation, history and culture*. London/New York 1990; Susan Bassnett, André Lefevere: *Constructing Cultures: Essays on Literary Translation*. Clevedon 1998.

107 Vgl. Armin Nassehi: *Die letzte Stunde der Wahrheit. Warum rechts und links keine Alternativen mehr sind und Gesellschaft ganz anders beschrieben werden muss*. Hamburg 2015, S. 289.

108 Vgl. dazu Armin Nassehi, Irmhild Saake, Katharina Mayr: »Healthcare Ethics Comitees without Function? Locations and Forms of Ethical Speech in a ›Society of Presents‹«, in: Barbara Katz Rothman, Elizabeth Armstrong, Rebecca Tiger (Hg.): *Bioethical Issues, Sociological Perspectives (Advances of Medical Sociology* Vol. 9) 2008, S. 131–158; Armin Nassehi, Irmhild Saake, Katharina Mayr: »The Multiplication and Realization of Speakers as polyphony«, in: Morten Knudsen, Werner Vogd (Hg.): *Systems Theory and the Sociology of Health and Illness. Observing healthcare*. London/New York 2015, S. 173–194.

109 Audioprotokolle und Mitschriften der Vorträge und Diskussionen der Tagung des Deutschen Ethikrates vom 22.09.2016 finden sich unter folgendem Link: http://www.ethikrat.org/sitzungen/2016/ethikberatung-und-oeffentliche-verantwortung

Über den Autor

© Hans-Günther Kaufmann

Armin Nassehi wurde 1960 in Tübingen geboren und wuchs in München, Landshut, Teheran und Gelsenkirchen auf. Er hat 1979 ein Studium der Erziehungswissenschaften in Münster aufgenommen und bis 1985 alles Mögliche studiert – Philosophie, Soziologie, Psychologie – in einer Zeit, in der Studien noch nicht wie sowjetische Fünfjahrespläne angelegt waren. Er wurde dann als Soziologe promoviert, habilitierte sich im selben Fach und ist seit 1998 Lehrstuhlinhaber für Soziologie an der LMU München. Seit 2012 ist er Herausgeber des *Kursbuchs* und gilt als einer der wichtigen public intellectuals des Landes. In seiner Freizeit ist er ein leidenschaftlicher Sänger und wäre gerne so begabt, wie er begeistert davon ist.

Klimaneutral
Druckprodukt
ClimatePartner.com/12752-1803-1001

Zum Ausgleich für die entstandene CO_2-Emission bei der Produktion dieses Buches unterstützen wir die Erhaltung und Wiederaufforstung des Kibale-Nationalparks in Uganda. Das Projekt trägt zum Klimaschutz bei, indem die Bäume bei der Fotosynthese Kohlenstoff aus der Luft binden, es schützt die Biodiversität des tropischen Waldes und sichert 260 Arbeitsplätze.

Bibliografische Information der Deutschen Nationalbibliothek
Die Deutsche Nationalbibliothek verzeichnet diese Publikation in der Deutschen Nationalbibliografie; detaillierte bibliografische Daten sind im Internet über http://dnb.d-nb.de abrufbar.

3. Auflage 2019

kursbuch.edition
Herausgeber: Peter Felixberger, Sven Murmann, Armin Nassehi
Lektorat: Evelin Schultheiß, Ahrensburg
Druck und Bindung: CPI Books GmbH, Leck
Printed in Germany

ISBN 978-3-96196-064-4

Besuchen Sie uns im Internet: www.kursbuch.online.de
Ihre Meinung zu diesem Buch interessiert uns!
Zuschriften bitte an kursbuch@kursbuch.online